北建大人 4

北京建筑大学校友会 编

中国建筑工业出版社

图书在版编目（CIP）数据

北建大人.4/北京建筑大学校友会编.—北京：中国建筑工业出版社，2019.12

ISBN 978-7-112-24701-1

Ⅰ.①北…　Ⅱ.①北…　Ⅲ.①北京建筑大学—纪念文集　Ⅳ.①G649.281-53

中国版本图书馆CIP数据核字（2020）第016391号

责任编辑：蔡华民
责任校对：王　烨

北建大人4
北京建筑大学校友会　编

*

中国建筑工业出版社出版、发行（北京海淀三里河路9号）
各地新华书店、建筑书店经销
北京点击世代文化传媒有限公司制版
北京建筑工业印刷厂印刷

*

开本：787×1092毫米　1/16　印张：6½　字数：122千字
2020年2月第一版　2020年2月第一次印刷
定价：48.00元
ISBN 978-7-112-24701-1
（34962）

版权所有　翻印必究
如有印装质量问题，可寄本社退换
（邮政编码 100037）

《北建大人》
编辑委员会

主　　任：姜泽迁　张爱林
副 主 任：张启鸿
委　　员：汪　苏　李维平　张大玉　李爱群　黄京红　孙景仙
　　　　　孙冬梅　白　莽　朱　静　李雪华　李俊奇　赵晓红
　　　　　何立新　冯宏岳　黄尚荣　郭茂祖　王震远　彭　磊
　　　　　赵海云　刘国朝　程士珍　王德中　牛志霖

主　　编：张爱林
副 主 编：张启鸿
执行主编：沈　茜
编　　委：赵　亮　杨洁华　高宇宁

主管单位：北京建筑大学
主办单位：北京建筑大学校友会　北京建筑大学教育基金会

目 录

校史撷英 ··· 1

市立高工师生迎接解放 ··· 2
北京市市立工业学校师生意气风发建设新中国 ························· 8
自力更生建设新家园 ·· 15
学习苏联和一切与生产劳动相结合 ····································· 18
参加北京城市重大建设任务 ·· 19

校友故事 ··· 25

一心一意谋发展　为国为校育人才——记就读于西城校区第一批学生
　　1952级建三乙班校友赵知敬 ······································· 26
培养专业兴趣，成就未来人生——记建筑机械专业1977级校友陆亦群 ··· 29
火炬妈妈　火中求真——记城市燃气热能供应工程专业1983级校友高春梅 ··· 36
生活没有定位，唯专注铺就人生路——记工程测量专业1986级校友张良奇 ··· 40
北京大工匠——记测绘工程专业2006级校友武润泽 ···················· 44

校友文苑 ··· 49

密云水库 ·· 50
远赴巴格达搞建设的回忆（连载三）···································· 50
人生若只如初见——纪念毕业三十周年（一）························· 53
人生若只如初见——纪念毕业三十周年（二）························· 54
拳　恋 ··· 55
三十年相见不晚　为三十年返校小作 ··································· 56
忆学生时代骑自行车过京西斋堂 ·· 57

沁园春·· 58

雅石珍赏·· 59

今日建大·· 65

学习贯彻习近平新时代中国特色社会主义思想，落实全国和北京教育大会精神········· 66
住房和城乡建设部、北京市相关领导到学校调研指导工作··························· 66
"一带一路"建筑类大学国际联盟进入纵深发展····································· 67
十位教授入选 2018—2022 年教育部高等学校教学指导委员会委员··················· 68
学校召开学科专业建设与教师发展研讨会··· 69
我校接受北京市高校分类发展工作考察··· 70
我校国家自然/社会科学基金获批项目取得历史性突破······························ 70
服务国家和北京市重大战略需求和重大工程的能力显著增强··························· 70
喜报！我校 2 项成果荣获 2018 年度国家科学技术奖······························· 71
一封来自北京城市副中心的感谢信··· 72
我校 7 项成果荣获 2018 年度华夏建设科学技术奖··································· 73
学校获批增设 3 个本科新专业··· 74
我校成功举办 2019 年中国建筑学会城市设计分会年会暨 2019 年中国城市设计论坛··· 74
我校参与主编的国家标准《海绵城市建设评价标准》正式发布······················· 75
学校组织师生观看纪念五四运动 100 周年大会直播································· 75
我校获批三个北京高校高精尖学科··· 76
北京未来城市设计高精尖创新中心西南分中心落户贵州花溪······················· 76

校友会、基金会动态·· 79

1977、1978 级校友入学 40 周年纪念活动隆重举行································· 80
1988 届毕业 30 周年校友值年返校活动隆重举行··································· 81
校友值年返校新版块——校友学术研讨会顺利举行································· 82
"彩墨溢香——爱新觉罗启骧、何镇强书画展"开展································· 83
我校八名校友参加首届中美测量师测量对抗赛摘得桂冠······························· 83
房 84 级校友向我校教育基金会捐赠··· 84

江浙沪校友会2018年会、粤港澳大湾区校友会筹备会分别举行	85
我校校友金晖任北京市东城区区长	86
校领导看望杰出校友郑建邦	86
校友会广东分会成立大会暨第一次会员大会隆重召开	87
北京建筑大学河南校友会学术交流活动举行	90
北京建筑大学教育基金会获得北京市2017年度公益性捐赠税前扣除资格	91
校友会暨教育基金会组织2019年毕业季活动	92
北京建筑大学校友会《北建大人》征稿启事	94
北京建筑大学校友会简介	96
北京建筑大学教育基金会简介	97

校史撷英

市立高工师生迎接解放

1948年（民国三十七年），北平市市立高级职业工业学校学生400人左右，师生仍在困境中坚守着，仍在苦难中奋争着。这些学生，绝大多数都是立志工业报国和家境比较清贫的子弟。他们一般都学习刻苦、生活俭朴、务实、爱国。学生在校的学习、生活完全自费，宿舍的木板床由学生自备，伙食也由学生自己组成的伙食团管理，煤、米、油、盐、菜均由学生自己采购。由于经费困难，学生的伙食标准很低，经常是吃带沙子的小米、白菜汤。为此，学生曾向政府请求改公费，但未成功。

1948年6月，机械科学生毕业。他们编印了《毕业纪念册》[①]，内容包括四年学习经历回顾、教师题字和16位同学留言、师生合影等。特别留有校长曹安礼的题字：精益求精。这是本校办学精神的写照，2017年成为本校校训"实事求是 精益求精"的主要内容。

机械科学生毕业纪念册，校长曹安礼题字，1948年

---

① 1948年机械科学生毕业纪念册，校长曹安礼题字：精益求精。

毕业生与曹安礼校长（中立者）在校园合影，1948年6月16日

从这本《毕业纪念册》以及其中的《四年来的经历》一文，可以看出，这是1944年入学，1948年毕业的机械科同学们，这是70余年前的北平市市立高工的校友们，在北京即将迎来解放，中国即将开始历史新时代的前夕，一群立志报国的年轻人对于时局的思考，对于新生活的期盼的真实情感抒发，以及本校同学们忧国忧民的责任担当与语言文字水平。同时我们可以看到那时即将迎来天翻地覆大变革的气息，以及当时汉语言的进步。

"这是苦难的回忆！

这是进步与堕落的写实！

团结！团结！

我们将准备着向更苦难的日子

挣扎！战斗！"

"民国三十三年的夏天，正是日寇侵略我国最残酷的时候，我们这一群陌生的孩子，在这历史悠久古城中唯一仅有的高工团聚了。四年来，经过多少生活的洗练，更遭遇了无数次日寇的侮辱，我们曾被逼去做敌人的苦工，奴化教育侵蚀了我们，堕落、颓唐……我们几乎成了毫无知觉的奴隶。但是！我们热爱祖国的心始终是跳动着的。虽然我们不能无谓的牺牲去做得不偿失的冒险，而我们加劲学习，刻苦用功，为将来祖国的建设而尽力，这是我们唯一的鼓舞和希冀的！苦难的日子，一天天地过去了，我们团结的更加坚强。大时代在激变着，生在时代转变边缘的我们，也开始变了。其间，许多人离校他去，许多人改变得判若两人，这是一幅多么生动的悲欢离合的图画。"

"啊！今天——也许将是劳燕分飞的时期吧！——我们面对着光明的前途，来追忆一下过去伟大的经历是十分需要的！

　　这是方生未死的时代！祖国正处在风雨飘摇的苦难境地，热情鼓舞着我们，未来的建国使命在召唤着我们，我们一瞬不停地在挣扎奋斗，也努力虚心地在发掘着真理和光明。一年级的时候，我们天真努力的读书和学习，生活的是多么坦白和诚挚啊！谁都不可否认，我们用功的情形不是数一数二的吗？在那样艰苦辱恨的岁月里，我们都毅然的挨过了，因为我们相信祖国会重见光明的，侵略者一定会毁灭的！我们是有希望的！

　　八一五是我们生活史上最欢欣的日子。我们喊破了喉咙去街上欢迎国军，内心中发出激动的兴奋，我们哭了，但是这哭是兴奋而欢畅的自由啊！你终于属于了我们！——弱小被压迫的人们！我们深刻地体验到只有失掉了自由的人才知道自由的宝贵。

　　二年级是我们进入新生的第一阶段。虽然胜利没有带给我们温暖的果实，并且还一天天的退了快乐的颜色，但是我们却一直不懈的前进着，用功吧！拼命加油的用功吧！现在我们可无牵无挂了……

　　内战的烽火燃烧起来，物价疯狂上涨起来，学校的情况并没有因为胜利而好转。生活的威胁、希望的粉碎，自强和用功的精神也开始急速下降。我们常为了日常的见闻而争辩，也为了经济的压迫而悲痛。许多繁杂的问题冲进了每个人的脑际，许多发生的事件打击了每个人的身心。从此，幻想成为我们的唯一的慰藉。但是当每一次幻想被事实所粉碎的时候，更深刻的加重了一层悲哀。

　　三年级的渡过是一个用功与堕落两相挣扎的阶段。我们有的失去了可爱的故乡，有的流离在陌生极陌生的异地，有的断绝了经济的来源，有的感受着生活的压迫，一切在变。时代的轮子在碾着我们的道路，痛苦啊！我们难道真的能挨过了八年的沦陷，而却挨不过现在吗？

　　由入学时的四十六人，而只剩下现在的十六人了，我们的生活程度也渐渐接近了，生活使我们靠的更紧了！

　　四年级的我们有了显著的改变，在各方面有的堕落退步，有的却更向前迈进的一步。但是面对着眼前的前途，背负着艰险沉重的事业，我们意识到团结的重要。这一年来的考验，使我们知道了更多从来没有见闻过的知识和事件，我们已发掘（发觉）到现在已是跨过时代的边缘，痛苦和黑暗是必然的现象，只有团结奋斗才不致使我们陷入险恶的泥淖里！

　　别了，伟大的母校呵！我们感谢你培养了这一群受难的孩子，祝福你将要在新中国的建设中贡献出更宝贵的成绩！

虽然为了职业问题，每个人都心身惶惶的不安。但是，我们绝不是为了吃饭而活着啊！我们不能忘了作为中华儿女的任务啊！让方生的快生长，未死的快死亡吧！我们不能再忍受着了！"

同学的留言和评语：

"作为一个自然科学的爱好者，抱着'科学救国'的美梦考入了高工。高工教育了我，同时也更教训了我。四年的道路是崎岖的，在这里我看过祖国的胜利，我做过甜蜜的梦，我尝过失望的痛苦，我曾经彷徨，我曾经跌倒。庆幸的，它使我知道了'爱'与'憎'……漫长的，同时也是短促的四年，将要是决定我一生而不可忘记的回忆了。"①

机械科学生毕业在第四教室前合影，1948年

1948年11月，中共华北局城工部部长刘仁指示北平地下党要做好和平或武力解放北平的两手准备，宣传党的政策，发动群众护厂护校，保护文物、档案和国家财产。12月初，由地下党支部副书记、学生自治会会长张振瑞主持，在学生自治会基础上，组织"应变委员会"（后改为迎接解放委员会）开展了护厂护校、迎接解放的工作。本校重点负责保护的地点是位于北平市东四北大街的大陆银行。

1949年1月31日，中国人民解放军首先由西直门进入北平城，北平宣告和平解放，千年古都回到了人民手中。2月3日，解放军举行入城式，市立高工的同学们在东四牌楼欢迎解放军，欢呼北平解放。2月4日与5日，中共北平市委在国会街北大四院礼堂召开第一次全体党员大会，市立高工的地下党员参加了大会。2月12日，学校师生参加北平庆祝解放大会。2月17日，由中共北平地下党学委杜平召集市立高工地下党员

---

① 1948年机械科学生毕业纪念册，校长曹安礼题字：精益求精。

和民联成员开会，宣布张振瑞任党支部书记，钱统超任副书记，徐德琛和杜声桐任支部委员（是本校党支部的第三届）。从此，中共北平市立高工党支部由秘密转为公开。

北平的学生运动，在反对三座大山的斗争中，曾有过光荣的传统，起过伟大的先锋作用，直接间接地支援了革命。北平解放后，为适应变化了的新形势，更好地组织北平学生运动，1949年2月14日成立北平市学生联合会筹备委员会。2月21日至24日，北平市学生第一次代表大会在北大胜利召开。会议通过了《对于今后北平学生运动方针与任务的决定》和《北平市学生联合会章程》，选举了清华大学、北京大学、燕京大学、师范大学、汇文中学、贝满女中、铁道学院、师大女附中、师大男附中、惠中女中、河北高中、市立二中、市立高工、市立师范、市立女二中等15校为执行委员；艺术专科学校，育英中学，国立高工等3校为候补执行委员，选举谢邦定为学联主席，并宣告北平市学生联合会正式成立，简称学联。北平市学联的宗旨和任务是：团结北平同学，在新民主主义教育方针下，努力学习政治理论与各种科学知识，提高文化水平，培养为人民服务的观点；在全市同学整体利益的基础上为全体同学谋福利；协助各校同学建立与巩固同学自己的组织；组织与领导全市同学参加社会服务工作；联合各地工人、农民、青年，妇女等各民主团体，为全国人民的彻底解放及建立人民民主的新北平与中华人民民主共和国而奋斗；支援国民党统治区及其他各地的民主运动。北平市学联的成立，使全市青年学生有了自己统一的组织。市学联明确了今后学生运动的方针和任务，反映了学生的愿望和要求，在开展学生运动和为学生服务等方面起了积极的指导作用。（中共北京市委党史研究室编.社会主义时期中共北京党史纪事 第一辑.人民出版社,1994.7.）

1949年3月，北平市政府接管北平市市立高级工业职业学校。

北平市立高工机械科四年级毕业纪念，1949年6月16日

1949年7月，国立北平高级工业职业学校第二期毕业学生79人，除少数参军、升学外，大部分同学参加了"政治训练班"。同年9月，这批毕业生被分配到华北各地厂矿，以煤炭、钢铁、电力、机械行业居多。

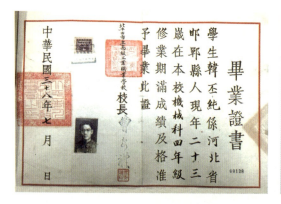
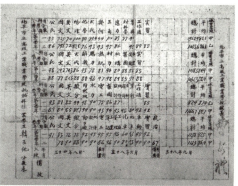

机械科韩丕纯1949年7月毕业证书和成绩单

北平市立高工土木科第十二班暨建设局西郊测量（实习）留影，1949年8月

"车鸣千里去，心望北京城，隔窗青草动，疑在景山中。"这是1949届校友杨树航毕业时离开北京走向工作岗位时，在火车中对北京恋恋不舍，看到车窗外青草被微风吹动，想起上学时在景山测量的情景。

39年过去了，回忆当时的情景，有如平湖倒影，透彻可见。我对景山有着特殊感情……是因为她是我的母校培育我学习测量的摇篮之地。回忆我青年时在那里实习测量有近半年的时光。每天早出晚归，爬山穿林，手被荆棘刺破了不觉疼痛，衣服被树枝划破了，也不知不觉，因为精神全集中在图纸和仪器上了。老师常教导我们"图纸和仪器是测量的命根子，当遇到危险时，宁肯自己受伤也要保护好图纸和仪器。"母校和老师的教诲是我们非常宝贵的精神财富。回忆起当年在景山测量时的情景，同学们三五成群，老师跟随其后，或观角，或抄平，或……爬上跑下，认真操作，一丝不苟，按照校训"实事求是，精益求精"的精神进行测量。经过全体师生辛勤劳动，一张合乎要求的景山全图，终于在我们年轻人的手中测绘出来了，使我班同学从头至尾地学会并掌握了测量的技术和要领。走上工作岗位后，立即发挥了作用。现在我班大部分同学，已是祖国建设战线上的骨干了。怎能不感谢母校对我们严格的培育和老师们对我们的谆谆教诲啊！……通过测量实习也锻炼了我们的身体。几十年来我确实深深感受到德智体全面要求办学方针的重要性。现在我虽已年近花甲，身体却依然健壮，坚持工作在祖国城市建设的第一线。这一点也不能不感谢母校对同学们身体健康方面的要求。……我记得景山的后殿在当时国民党当局是不准我们进去测量的，但同学们按照老师的指导利用交会法居高临下把每一个建筑物都准确地测绘到图纸上，达到了预期的目的。困难不但没能阻碍住我们，却使我们学到了更多的本领。

1949年10月1日，中华人民共和国中央人民政府成立，新中国诞生，首都30万军民齐聚天安门广场，举行开国大典。本校的队伍从东四什锦花园的校舍出发，徒步走到天安门广场，参加开国大典盛大的群众集会。

1907年至1949年是在风雨飘摇里的旧中国艰苦创业的42年，在这漫长的岁月里，经过几代人的努力、奋斗、改革与实践，学校树立了淳朴的校风，形成了优良的传统，造就了上万名工业技术人才，为祖国的建设事业做出了较大的贡献。新中国成立前机械科、化学科、土木科毕业生约为2000人。

北京市市立工业学校师生意气风发建设新中国

1949年9月27日，中国人民政治协商会议第一届全体会议通过《关于中华人民共和国国都、纪年、国歌、国旗的决议》，北平重新更名为北京。

1950年6月，学校改名为"北京市市立工业学校"，后称为"北京市市立工业学校"、

"北京工业学校",简称"北京工校"。校长李复生(即李庆深),副校长曹安礼,教导主任齐佐周,副主任王浚国,总务主任苏行健,机械科主任陈仁高,化工科主任王学明,土木科主任蔺尚义,电机科主任温鼎。党支部书记卢禹,其后为王浚国(1950年—1951年)。工会主席陈仁高(1950年—1951年)。全校有学生469名,教员39人,职员11人,校工12人。

国家刚刚从千疮百孔的旧社会走出来,国民经济建设体系亟待建立,政府进行了大规模的城市工商业社会主义改造和农村土地集体化以及社会改革,全国上下奇缺人才。根据1950年4月27日北京市人民政府综合报告记载,着重发展社会教育、职业教育和师范教育,以培养工农知识分子和生产建设所需的技术人才。

在这一时期,曾经享誉华北的"市立高工",虽然和祖国一样经历苦难,但是理论联系实际、培养一线工业人才的办学传统与底蕴犹存,学校发展马上受到了政府关注。1950年,我校三次被《人民日报》《人民教育》报道。

1950年3月28日,《人民日报》报道:《市立高工实习结合生产,提高业务技能补助实习费用》。"北京市立高级工业学校的同学除积极参加农业生产外,将从事工业生产,借以提高业务技能,做到理论与实际结合。……去年同学们曾结合着业务实习,先后为电车公司、北京电业局以及私营永固胶厂、华泰化学工厂等制出马铁车轮、水汽管帽、马铁钩子等二千八百余斤,铜闸底座三百三十个,割碎皮机二架,风扇二架,皮轮带一个,以及其他零件与加工活计多种。共获利近四千九百斤小米,解决了一部分实习的费用……二、三年级的同学计划在机械工厂生产一部对字六英尺旋床与七部螺母机;在化学工厂油漆部每月生产鱼油两吨、各色铅油二百箱、各色调和漆一千公斤与各色磁漆五百市斤(出售)。通过实习生产,一方面可以提高业务技能,同时也可以解决部分实习工具与实习费用。(穆扬报道)"[①]

1950年4月27日,北京市人民政府一九五〇年一、二月份综合报告:"一九五〇年一、二月份我们的主要工作,在市政建设、教育和卫生事业方面,在教育工作方面,主要是改变以前以发展普通中小学为主的方针,着重发展社会教育、职业教育和师范教育,以培养工农知识分子和生产建设所需的技术人才。市立高工、高商增设十七班。"[②]

《人民教育》创刊于1950年,在1950年05期报道《新旧现象:北京市增班增校,面向工农》:"北京市文教局,为解决工农子弟就学问题,培养工农干部及技术人才,决

---

① 1950年3月28日,《人民日报》报道《市立高工实习结合生产,提高业务技能补助实习费用》,穆杨。
② 北京市政报,1951年第1期。

定……更扩充高工、高商两校,除增班外,并添设新科,高工拟增设电机科。"[1]

1950年7月6日《人民日报》报道《市立高商高工两职业学校分别改为财经、工业学校》为了适应国家经济建设的需要,北京市立高级工业职业学校,接文教局指示,自二十四日起改名为"北京市市立工业学校"。(林华)[2]

1950年7月9日,考生报名日,报名考生达到3200多人。其中有来自国内各地的,还有来自海外的侨胞,他们冲破重重艰难险阻,投奔祖国前来就学,情节感人,热情可嘉,爱国之心炽热!

1950年7月12日进行了入学考试,7月16日发榜,学校只录取了480人。该年首次招收女生,录取10名,给水排水专业9人,道桥专业1人,还录取了20多名归国侨生。这部分人荣幸地成了新中国成立后的首批新生员,喜悦之情不言而喻。

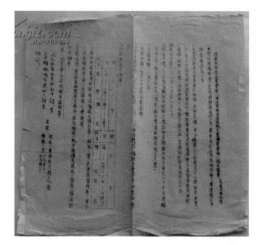

北京市市立工业学校招生简章,1950年

1950年,土木十三班到三年级正式分成道路工程、卫生工程两个专业。学校正式成立道路工程专业,是为本校兴办道桥专业伊始,也是全国最早设立道路工程专业的学校之一。当时在校的土木十三班(1948年入学)16名学生(道01班学生)成为首届道路工程专业学生。

1950年10月,美国发动侵朝战争,中国掀起抗美援朝运动,学校暂时停课,成立了抗美援朝保家卫国委员会,由校工会、团委、学生会分别组织教工、学生展开大讨论和声讨美国侵略、支持抗美援朝活动。各专业科组组成宣传队在天安门广场和各

---

[1] 人民教育1950年05期报道《新旧现象:北京市增班增校,面向工农》。
[2] 《市立高商高工两职业学校分别改为财经、工业学校》1950.07.06 人民日报,林华。

1950年学校开始招收女学员

繁华街道路口,演出揭露帝国主义的侵略阴谋的"活报剧"。与此同时师生自发捐献了一大批"慰问金"、"慰问袋"送给志愿军。进入12月份,全校学生响应号召踊跃报名参军达97人,最后俞大刚、唐国浩(归侨)、肖声、贾庆徽、武景厚、蔡孝琪、李广生(土木科十四班)等7名同学光荣参军,全校师生举行了欢送大会。

学校宣传队在天安门广场参加抗美援朝宣传活动,1950年

1951年,学校有几件大事。一是延续1948年从新入学起,把土木科三年级学生分为道路桥梁、给水排水两个专业的做法,把1951级学生分成道路桥梁、给水排水、建筑三个专业,建筑专业的学生到三年级又分成建筑学、结构两个组,专业培养逐步

学生参加天安门前声讨美帝侵略朝鲜活动，1950 年

1950 级化学科同学欢送俞大刚参军留念，1950 年

获批参军的部分同学，1950 年左起前排蔡孝琪、俞大刚、李广生后排左起贾庆徽 唐国浩

细化。第二件大事是学校校址变化与学校根据政府办学需要,一分为二,成了两所新学校。

1951年,因为学校续招新生500名,校舍更显不足。新生只能暂借西城区西什库原"耕莘中学"旧址(后为光华女子学校地址)上课。后经北京市人民政府批准,在朝阳区三里屯征购土地,筹建新校舍。校园总建筑面积达4万多平方米,成为中国规模最大的一所多科性中等专业学校。同时,学校变卖了什锦花园的校园。

1952年1月,机械、化学、电机三科首先迁至朝阳区三里屯新校舍(今北京市机电研究院位置),土木科暂时保留在原地。学校改名为北京工业学校,并扩大招生规模。1952年上半年,北京工业学校划归北京市公营企业公司领导,任务是为地方工业培养技术人才,任命公司副经理佘涤清兼校长,调面粉厂厂长孙仲鸣任专职副校长、党支部书记。北京工业学校在1969年停办。

北京工业学校三里屯新校址

20世纪50年代初,中专教育进入健康发展的重要时期,并首次被纳入北京城市建设总体规划。1952年7月,为满足北京城市建设快速发展的需要,政府将土木科从北京工业学校调出,并入北京建筑专科学校,成为其中技部,第一任校长由北京市副市长吴晗(主持城建工作)兼任。不久,北京市政府计划建一所土建类高等院校,校址选在了西直门外二里沟(北京建筑大学西城校区)。12月底,新校园初具眉目,中技部迁至这里，独立创建北京市土木建筑工程学校。校长张若平。

至此，新中国之后，光荣的北建大历史在这里一代代传扬。

北京建筑专科学校向北京市土木建筑工程学校移交物品清单（部分），1952年

本校当年之所以被一分为二建设两所学校，其背景是新中国新首都的建设面临艰巨任务，而建设人才极其缺乏。北京市委和刘仁十分重视培养人才，而且预见到北京市建设事业的发展对培养中等专门人才的需要。旧北平培养这类人才的学校极少，只有当时称为"高级职业学校"的市立高工、市立高商、护士学校等几所，而且规模都小，设备简陋，专业设置和教学很不正规。例如我校在旧中国惨淡经营了42年，毕业生总共不足2000人。由于旧中国缺少现代工业生产，学校没有工业生产作依托，只能从事肥皂、雪花膏、黄包车灯等一些简单日用品生产的教学。对于这几所过去一向不大为人注意的学校，刘仁也没有轻视，一再嘱咐要从长远着眼，派得力干部去把它们完整地接管下来，旨在以此为起点，经过整理改造、扩大提高，发展成为后来国家教育部统一规范的中等专业学校。1952年，在刘仁的筹划和督促下，把市立高工改为北京工业学校，在朝阳区三里屯另建新校舍，扩大招生规模，专业设化工、机械、电机三科，后来又增设汽车科。他总是提醒各系统的负责干部不要忘了人才培育，督促

他们办好所属的中等专业学校。(中共北京市委《刘仁传》编写组编.刘仁传.北京出版社,2000年07月第1版.)

自力更生建设新家园

当时,国家经济落后,所有搬迁,建设基本都是师生们自己动手自力更生完成的。1952年2月28日,土木科全体同学,来给三里屯新校舍铺路,列队出发时每人也不忘搬一件课桌椅,沿途市民、行人对师生们这种"蚂蚁啃骨头"的精神,不时地给予赞扬!到达新校舍时,学生们受到了机械、化学、电机三科同学的热情迎接,举旗夹道,锣鼓喧天,楼前大黑板上醒目地写着:"光荣属于铺路英雄!"当时因为搬迁,伙房只能供应师生窝头咸菜,但大家精神饱满,劲头十足,无人叫苦。

校园北侧有一道"二里沟"与小火车,20世纪50年代初期

20世纪50年代初的展览馆路

1952年12月29日—31日，全校600名师生员工发扬"延安抗大"精神，自己动手，除床是由汽车拉送外，凡课桌、课椅、行李、图书等都是由师生徒步从复兴门外（现北京建筑设计院内原北京建筑专科学校旧址）扛到新校园，当天师生们就将新宿舍、新教室收拾得整齐干净，晚上已有同学在安装了日光灯的教室里上晚自习。

那时，学校总占地近400亩地，处于郊区农田和乱葬岗地区。展览路还没有开通，周围很荒凉。学校大门暂时朝北开，校门对面往西是"西郊公园"（现北京动物园）。当时新校舍尚未全部竣工，水、电未接通。师生们在第一宿舍楼北面（现西城校区图书馆位置）的一口水井里打水洗漱。在一片凌乱的施工工地中，于1953年1月2日正式上课。在边建校、边上课的杂乱情况下，校长鼓励师生排除干扰，集中精力全力以赴迎接期末复习考试。结果，13个班中的每一个同学平均成绩均在82分以上，大家没有收到搬迁与环境嘈杂的影响。

1953年2月4日，市政府任命北京市市政府副秘书长、建工局副局长李公侠为校长（兼职）、张若平为副校长。学校设立党支部，张若平兼党支部书记。在校学生606人，教师30人。除原有道路工程、卫生工程两科外，又增设建筑工程科。学校直属主管城市建设的薛子正副市长（兼市政府秘书长）领导。学校重大事项由薛子正、李公侠主持，并由各有关业务局局长组成的校委会筹商策划。

1953年2月23日，李公侠校长指出："为了将首都建设得像莫斯科一样，需要培养技术人员。"北京市委、市政府对学校指示是："学校的任务是为首都的城市建设培养合格的中等技术人才"。1953年3月，学校确定的专业培养目标为："以理论与实际相结合的教育方法，培养具有文化科学知识，掌握一定工程技术，身体健康，全心全意为人民服务的技术人才。"[①]

1953年，北京市土木建筑工程学校组织章程（草案）规定：本校课程包括普通课、技术课（专业基础课和专业技术课）与实验、实习。在实习方面，除校内教学实习外，按照教学计划分别到市级有关业务部门如建筑工程局、建设局、卫生工程局等处进行生产实习。关于教学计划另定之。授课时数（包括实验及教学实习），每周不超过36节。学生成绩的考查，一般与中等学校相同，但主要技术课有两门考试不及格，或校内教学实习不及格，虽经补习、补考而仍不及格者，不准升级或毕业。修业期满三年成绩及格者，由本校报请建筑工程局及教育局核定准予毕业，发给毕业证书。（北京中专志编委会编. 北京普通中等专业教育志稿. 朝花少年儿童出版社，2001年01月第1版。）

---

① 北京中专志编委会编，北京普通中等专业教育志稿，朝花少年儿童出版社，2001年01月第1版，第102页。

建校初期，学校多方筹划广纳贤才，慢慢聚集了一批学有专长，出身名校集理论与实践于一身的优秀教师。

一方面，从北京市工业学校转北京市建筑专科学校再调过来：有蔺尚义、臧尔忠、李钦、王镇西、张人隽（哈佛大学博士、环境工程专家）、刘宗唐、王九龄等；还有刘孝廉（本校1951年毕业，道路设计课教师）、王光遐（本校1951年毕业，测量课教师），方志禾（本校1952年毕业，桥梁课教师）、常瑞光、张汝楫、马国庆（本校1952年毕业，测量课教师）、刘世奎、吴凤才、刘仁龙等。另一方面，从原北京市建筑专科学校和北京城市建设管理、设计、施工单位等各方面相继调入，如：张兆栩（工民建）、袁德熙（教授、道路）、兴振声（给排水）、蔡荫华、马忠泰、鲁乃森、龚一波（工程师、道路设计）、张类思（工程师、道路施工）、周斯济（工程师、测量，1950年任市建设局测量队队长）、陈久征（结构，康奈尔大学博士、结构工程专家），吴华庆（教授，建筑，伊利诺伊大学硕士、建筑光学专家），陈明绍（给排水，清华大学毕业，市政工程专家，后任九三学社中央副主席、北京市政协副主席），高履泰（建筑学，日本东京工业大学毕业）等。

张人隽先生在抗战胜利后曾任重庆市下水道工程处副处长，曾作为美国专家毛理尔的助手与罗竟忠一起共同建设了重庆市下水道工程。1947年，与罗竟忠合编出版《重庆下水道工程》，详细记载了战后重庆下水道重建工程始末。1948年，该书成为中国进行国际文化交流的图书。

袁德熙先生（1905年—1987年），毕业于我国最早的高校北洋大学，1953年调入本校。抗日战争期间他在祖国西北修路养路，其专业造诣、素养及在同行中的威望都很高。袁先生在初创的"道路科"、"道桥教研组"中是长兄、是父辈、是师长，靠他的表率作用，凝聚、培养了最早的道路桥梁专业团队。"公路与城市道路并重"、"路桥并重"的思想，"道桥专业"的名字都源于他，使道桥专业的内涵有别于一般的"公路与城市道路专业"。他把"路桥工程基本机理"讲得深入浅出，他说"人生的哲理"、

重庆市下水道工程的三功臣：张人隽、毛理尔、罗竟忠（从左到右）

罗竟忠、张人隽合编《重庆市下水道工程》，1947年

"工程基本原理"，年轻人要硬记，以便随着自身实践去感悟、发展，终身有益。在学校的领导下，他安排教师进修着眼点高，对每个教师都很精心。带出的教师队伍，在全国同类中专学校中达到了最高水平，也使我校在20世纪50年代到60年代初期间的专业基础理论水准高于苏联的中专水平（教材对比），造就了第一批首都道路桥梁工程建设高级人才。

龚一波先生（1913年11月—），原名龚光月，笔名满六，湖南澧县人。1937年毕业于武汉大学，美国约翰霍普金斯大学硕士。抗战时期，龚一波在云贵公路建设中承担技术骨干，以第一名的成绩考上官费留学生。1953年3月与茅以升等12人联合发起筹建中国土木工程学会，1954年—1961年在我校工作，曾担任道桥教研组组长，为我校道桥专业的建设做出过贡献。任北京市建设局工程师兼北京市城市规划委员会委员时，首创并推广"土路沥青表面处治"，改善了全城胡同土路，主持制订包括各种管线埋设位置的全市各级道路横断面标准图及设计准则，并参加天安门广场及东西长安街规划设计等。1993年起享受政府特殊津贴。

学习苏联和一切与生产劳动相结合

20世纪50年代，本校办学形成两大历史特色，一是在国家总体方针政策指导下，全面学习苏联——试行苏联的教学计划和教学大纲，除基础课、技术基础课外，专业课各有侧重，并增加了课程设计、毕业设计等环节，形成了延续到改革开放之初的教育教学体制；二是受自身的办学定位、历史传统和建设新中国的热潮影响，延续了我校建校以来重视培养学生的动手能力、理论与实际与生产实践相结合的传统，坚持开门办学，对学生的专业教育更为全面。

"1953年开始，北京中专学校学习苏联办学经验进行教学改革，组织全体老师、干部系统学习凯洛夫《教育学》及苏联各种教育著作论文，有的校长和教师参加了教育部或北京市举办的苏联专家讲习班。北京市土木建筑工程学校选派教师观摩由苏联制图课专家的讲课和高教部在北京电力学校的全国制图学习班。"[1]

1955年，学校推行苏联教育模式、专业设置、培养目标、教学大纲和教材，实行校长负责制，"专家治校"教改一面倒。学制3年改为4年制（故1958年没有毕业生）。只有道桥专业没有采用苏联的"城市道路专业"名称，而是坚持"道路与桥梁专业"名称。学校建立了"校务委员会"和"教务委员会"，贯彻了国家考试制度。每周一早操前，校长讲话勉励学生："爱护身体、好好学习"。

参加北京城市重大建设任务

学校极其重视学生实践能力的培养，学以致用成为我校的办学特色和传统，一直沿袭至今。期间，学校师生参加许多北京城市重大建设任务。1956年8月，道桥专业、给排水专业学生在教师带领下边学边干参加了北京水库建设，主要是密云水库建设。1958年3月9日，在怀柔水库动工之时，学校也派出了由师生组成的庞大的质控队伍，负责怀柔水库施工质量控制。[2]1958年6月26日，周恩来总理视察已经动工两个月的怀柔水库工地是与我校任技术员的一位女生亲切交谈，鼓励她："边做边学是我们革命的特点。"[3]1958年7月20日，周恩来总理再次视察怀柔水库工地接见北京土木建筑工程学校的学生。其间和我校学生合影，并与1959届水11班学生包黛妹亲切交谈，鼓励我校学生："与工农结合。学用结合"。

---

[1] 北京中专志编委会编，北京普通中等专业教育志稿，朝花少年儿童出版社，2001年01月第1版，第168页。
[2] 《回忆怀柔水库的施工》孟庆祥，北京水利史志通讯，1982年第4期。
[3] 周总理在怀柔水库。来源：中国新闻网。

周恩来总理视察怀柔水库工地接见北京北京土木建筑工程学校的学生，1958年7月20日

1958年5月，学校组建十三陵水库建设义务劳动"工兵营"，共有471人参加，其中教师14人，学生457人。

400多名学生参加人民大会堂礼堂建设工程，1958年

1958年，我校还有400多名学生参加了人民大会堂礼堂建设工程，边生产边进行管理实习。其中，1958级校友李瑞环是典型代表。

道桥专业唐质勇老师带学生实习，1954 年

1953 届同学参加北京展览馆广场施工 1954 年

解放初期，同学们参加龙须沟排水工程建设

西滨河路污水截流管工地毕业实习，1954 年

同学们参加北京御河改暗沟和铺设道路工程施工，1954 年

1960 年，道桥教研室教师带领和指导道 12、13 班学生，配合市规划局进行了北京市 8 条公路放射线选线，在现场复核了纸上规划位置，包括今天北京的五环和主要

放射线，奠定了北京路网骨架。他们还参加了市规划委员会"新农村规划"的任务。

20世纪50年代，经过以张若平老校长为代表的老一代教师的艰苦奋斗，全面贯彻"教育与生产劳动相结合"、"学校为首都城市建设服务"的方针，无论在办学质量与规模上，本校都不逊于同一层次的各地举办的城市建设学校，成为全国中专中的佼佼者，使北京拥有了一批特别能干的建设骨干。

此外，解放初期的校友们更是积极投身于北京市乃至全国轰轰烈烈的大建设中，为新中国新首都建设奉献了热血与青春，做出了开创性的贡献，涌现出了以土木工程科1948级校友赵宏为代表的核工业奠基人；以工业与民用建筑专业1958级校友李瑞环为代表的"青年鲁班"；以工业与民用建筑专业1960级校友张在明为代表的院士及全国工程勘察设计大师等等以及数以万计的总工、项目经理和负责人。谱写了北建大人"爱国奉献、坚毅笃行、诚信朴实、敢为人先"的感人篇章。其中有：土木工程科1944级校友李昶，于1976年在毛主席纪念堂工程修建指挥部任副总指挥，并为首都建材事业的发展和城市建设做出了开创性的重要贡献。土木工程科1949级校友范励修曾主持建国十周年游行大道工程。我校原副校长赵冬日（1949年—1958年在校工作）是新中国第一个首都规划方案"朱赵方案"的主要负责人之一，并参与了人民大会堂、天安门广场改造工程的第一次规划。20世纪50年代北京十大建筑建设中，工业与民用建筑专业1958级校友李瑞环任中国革命历史博物馆总指挥；原副校长赵冬日是全国政协礼堂的主要设计者。

建大学子为新中国建设做出了积极贡献。见证了新中国建设史上的许多第一次。

学校首届土木科1936级校友王作琨，于1955年至1957年，配合苏联专家参与编制首都北京城市总体规划，负责完成河湖水源及给排水系统规划。

建筑工程专业1952级校友何镇强参与人民大会堂室内设计工作，他与厂房与民房建筑工程专业1954级校友王崇礼等分别承担了北京长城饭店的室内设计、施工等工作。

工业与民用建筑专业1958级校友李瑞环任中国革命历史博物馆总指挥；李昶任毛主席纪念堂建设副总指挥。

土木工程科1942级校友佟懋功，是首都北京供热系统的创建人之一。当1959年位于北京市中心的第一条通过天安门广场的热力干线建成时，他亲自组织这项重点工程的冲洗和试运行，并于年底前正式向人民大会堂、中南海、民族饭店、历史博物馆等处实现了成功的供热。木工工程科1942级黄兆金主持建设建国初期北京多座水厂建设。

土木工程科1943级校友齐克良，主持编修了第一本《北京城市测量规范》及《北京市1∶500至1∶1000地形图图式》，为首都测绘事业的基础工作做出突出贡献。

首届土木科1936级校友高作彦多次主持我国第一批大型纺织、化纤工厂设计，是纺织工业设计奠基人之一。

土木工程科 1948 级校友赵宏是核工业部原副部长，为我国的核工业的开创、建设和发展所做的贡献。

解放时，北京 1 路公共汽车外观设计人是建筑工程专业 1952 级校友何镇强。全国第一条地铁线设计方案审定负责人是土木工程科 1950 级校友苏兆林。他还是我国第一座城市立交桥复兴门立交桥的设计负责人。

这些熠熠生辉的名字，这些我们共同奋斗过的日子将永远铭刻在学校历史中，永远在国家建设历史中被后人铭记。光荣属于北建大！未来属于北建大！

（撰稿：王锐英（道桥专业 1978 级），沈茜（道桥专业 1990 级）资料收集：王锐英，张庆春（给排水专业 1973 级），赵京明（工民建专业 1971 级），魏智芳（1990-2013 年在我校工作）　编辑：沈茜）

校友故事

一心一意谋发展　为国为校育人才
——记就读于西城校区第一批学生 1952 级建三乙班校友赵知敬

"到今年（2017 年）11 月底，我们 1952 级建三乙班的学生就全部年满 80 周岁了。"回想起年轻时跟自己朝夕相处的同学，赵知敬的语气中带有一丝深沉。六十五年前，一批朝气蓬勃的青年响应国家和北京市大力开展城市建设的号召，纷纷踏入校园学习建筑工程与技术；六十五年前，一座初现样貌的校园承载着强国富邦的历史嘱托，寄托着新中国振兴强盛的时代期盼，在西直门外二里沟，开启了一段崭新的征程，这座校园成为延续建大历史的新起，这就是今日我们北京建筑大学的西城校区，1952 级成为在这座具有里程碑意义的校园就读的第一批学生。　笔者采访了建筑工程专业 1952 级校友赵知敬，请他讲述当年的故事。

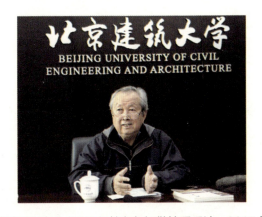

建筑工程专业 1952 级校友赵知敬接受采访，2017 年

条件艰苦　师生共建新校园

"我们是 1952 年 7 月 29 日通过北京市公立中等学校统一招生进入这所学校读书的，那时候招生委员会还在《光明日报》上刊登了录取榜单，这份报纸我一直保留到现在。"原北京市城乡规划委员会主任、1952 级校友赵知敬谈起刚入学时的情景，心头抑制不住的喜悦浮现在他的脸上。他回忆说，入学后到 12 月份，当学校宣布北京市的决定，将举校迁往新校区时，学生们欢呼雀跃，充满期待。

有了新校址自然是件好事,可在当时的条件下,新校区尚未全部完工,设施条件仍旧简陋,同时又缺少交通工具用来学校搬迁,困难一下子出现在全校师生面前。12月22日晚,时任学校副校长的张若平在宣布了学校将于12月29日开始搬迁的消息后,号召大家要克服缺电、断水、少气等困难,边学习边进行劳动建校。赵知敬告诉记者,当时学生并没有因为困难而退缩,大家反而热情很高。"校园路面泥泞,我们就自发平整土地;宿舍床位紧张,我们就10个人挤在一间18平方米的屋子里;没有暖气,我们就架起煤球炉取暖。"据校史记载,在校园搬迁的过程中,全校600名师生发扬"延安抗大"精神,自己动手将桌椅、行李、图书等徒步从复兴门外(原北京市建筑专科学校旧址,现北京市西城区南礼士路62号)扛到了新校区,仅仅用了3天就完成了搬迁工作。

采访期间,赵知敬还饶有兴致地在纸上画出了他们刚入校时西城校区的校园平面图。1952年的西城校区仅有现今的教四、教五两栋楼用于教学,教五楼南边有三座宿舍楼一字排开,再往南是食堂和盥洗室。虽然办学条件十分艰苦,可是当时的学生却很知足。校友刘仲元在《为响应政府号召 我考上建工学校》一文中记述,"每位同学都有自己在新中国成立前社会和家庭生活处境的体验,所以面对在校学习生活条件困境,即使再艰苦,也能自行今昔对比,仍会感到新社会的甜美且无怨言。"

学校在新址逐渐稳定下来之后,师生合作开始校园楼宇建设。1955年,西城校区西操场经过几届学生的课余劳动按照正规体育场建设标准完工。1958年,建筑工程系臧尔忠教授、系主任高级工程师张兆栩、副主任高履泰教授完成教学1号楼设计,并带领学生通过勤工俭学开始施工工作,老校长张若平还为该楼题写奠基石,镶嵌在楼基东北角基座上,内容为"北京市土木建筑工程学校勤工俭学自建教学大楼 公元一九五八年七月十八日兴建"。到了20世纪60年代,学校的实验室、仪器室等也陆续建设完成并投入使用。

教学相长　师生携手共奋进

在北京市土木建筑工程学校成立之初,北京市委、市政府对学校发展做出了指示,明确了学校的任务是为首都的城市建设培养合格的中等技术人才。1953年3月,学校确定办学宗旨为"以理论与实际相结合的教育方法,培养具有文化科学知识,掌握一定工程技术,身体健康,全心全意为人民服务的技术人才。"为实现这一目标,学校师生在条件有限的情况下联起手来做了不少努力。

学校首先攻克的就是教材资源上的难题。新中国成立之初,全国上下百废待兴,学校办学资源紧张。"没有教材，老师们就参照苏联大专教程，结合国内实际，含辛茹苦地编写教材，再手工刻制成蜡版以油墨印成讲义。"赵知敬说。

教材的问题解决了，可是学校还面临师资不足的困难。根据《北京普通中等专业教育志稿》记载，学校在搬迁至西城校区后共设有建筑、道桥、卫生三个专业，根据业务性质分别在建筑工程局、建设局、卫生工程局及其他相关部门调派或聘请一批技术人员做专任或兼任教师。同时，学校培养一批品学兼优的毕业生作为技术课助理教师，并提出了"商请业务单位试行建立定期交流技术课教师和技术人员的制度"，有效地缓解了师资不足的境况。

在学校积极改善办学条件的同时，学生也行动起来奋发努力。"我们都是十五、六岁的孩子，还没上过高中就来到土木建筑工程学校念书，"赵知敬说，"由于底子薄，学起基础的数理化知识真的是很费劲呀！"那时，学校学制只有三年，既要打基础，又要学技术，课程铺天盖地而来，对当时学生来说压力很大。赵知敬回忆，当时除了白天上课，晚上还有晚自习，好在有助教、班主任为他们答疑解难。"老师都是年轻的高工高才生，跟我们一起学、一起住，他们的言行深深地影响了我们。"赵知敬说。

彼此的关心和努力让师生之间建立了深厚的友谊。读书虽苦，但学业之外的文体活动也是丰富多彩。搬到新校区后，师生一同组织游览西郊公园（今北京动物园）；师生还效仿苏联学校，共同组织了校园舞会。体育活动是学校最受欢迎的项目，著名书法家爱新觉罗·启骧是工民建专业1952级校友，他在当时是学校有名的运动能手，足球、篮球样样少不了他的身影。在他看来，德智体全面发展是学生成长中最为关键的因素。丰富的文体活动不仅充实了师生课余生活，而且在潜移默化中培养了学生积极向上的良好心态。

注重实践　扎实练就真本领

能够画一手漂亮的工程图，成为学校学生最鲜明的标签。土木科1949级校友张汝楫在回忆求学经历时说，学校不但重视基础理论教学，还非常重视理论联系实际，在培养学生的技能、技巧上下功夫，对制图和测量的实际能力的培养更为突出。对此，赵知敬也颇为认同。求学期间，他们从高等数学、结构力学等基础课程学起，并且早早地就开始练习画透视图、结构图。高履泰、李锦老师常常手把手教学生画图的场景，赵知敬至今还记得清清楚楚，他说，老师们认真负责的态度和扎实严谨的基本功让学生受益匪浅。

学校发展始终与北京城市建设密切相连，"教育与生产劳动相结合""学校为首都城市建设服务"是老校长张若平在任时提出的方针目标。北京展览馆外广场修建、龙须沟排水工程、御河暗沟改造及道路铺设工程中都有学校青年学生的身影。说起当年在友谊宾馆附近参与道路施工建设时的经历,赵知敬表示,虽然每天往返于学校工地之间,在工地上也只能做绑钢筋一类的体力活,但一个多月的锻炼让他深知要想参与大工程,就要从最基础的工作做起。

学校培养的吃苦耐劳的工作作风和坚持实践第一的办事理念一直影响学生终身,毕业生在走向工作岗位之后坚持以"实事求是、精益求精"的态度要求自己。接手工程项目,他们与工人同吃住,亲自承担钢筋工、木工、瓦工的工作,练就了过硬的基本功。面对新技术新知识,他们实地调研、动手实操,大型砌块、预应力混凝土等新鲜事物很快上手。这都得益于在校时打下的知识基础和积累的实践经验。

如今,已到耄耋之年的赵知敬和许多老人一样安静地享受着自己的晚年生活。不同的是,他还坚持着一个习惯,就是每到一处公园,总要拿起笔来画一画那里最美的建筑风景。更让人敬佩的是,1952级建三乙班还很多老校友像赵老一样,把自己的经历和感悟以及求学时的老照片记录下来整理成册。赵知敬说,六十五年的时间,大家从共同学习到各自奋战在首都建设的各个岗位,建三乙班的"五种精神"始终让每个人难忘——爱党爱国的报国精神、终身从事建设事业的敬业精神、勇于争先的拼搏精神、任劳任怨的吃苦精神以及甘为春蚕的奉献精神。

1952级作为见证学校发展新起点的一届也承载着学校教书育人、服务国家和首都建设的期盼。时光飞逝,转眼之间西城校区已经走过六十五个春秋。时代早已发生翻天覆地的变化,但学校的办学精神一直在延续,一批批年轻的"北建大人"继承长辈衣钵,在新时代的建筑行业中展现属于北建大的独特魅力。

(摘于北京建筑大学新闻网,图文:汪洋海容　编辑:沈茜)

培养专业兴趣,成就未来人生
——记建筑机械专业1977级校友陆亦群

莎士比亚曾经说过,"学问必须合乎自己的兴趣,方可得益。"在陆亦群的人生中,兴趣一直伴随着他的工作、他的生活与他的研究。"培养专业兴趣,成就未来人生"是他的座右铭,也是一届又一届的学子受教的人生准则。小时候的陆亦群便对机械十分感兴趣,每当路过修自行车的小铺,都会不自觉地看上一会儿,看着与机械零件打交道的师傅工作，对他来说是乐趣，也是享受。家里的玩具、闹钟、收音机等都被拆卸过，组装过，对机械充满着好奇的他还不知道，他的兴趣，将来会引领着他一步一步走向了不一样的人生。

机械专家　成就卓越

陆亦群，1977年考入我校建筑机械专业，机77-1班，1982年1月毕业。毕业后，陆亦群被分配至北京市工程机械研究所从事挖掘机研究设计工作。1984年，他调入中国铁道科学研究院从事铁路养路机械化研究工作至2008年退休，曾担任养路机械化研究室主任、研究员。他在铁道部和铁科院领导下带领研究室全体科研人员专注于铁路养路机械新技术的研究、技术引进、装备的国产化开发研制等工作，他的多项研究成果多次获得国家、部委、院所级科技奖励与表彰。其中，《铁道线路大型养路机械成套装备技术及应用》获得国务院颁发的2006年度国家科学技术进步二等奖。

艰苦奋斗　不悔青春

陆亦群从小在北京生活，1962年考入北京市第八中学初中部实验班，1965年又以优异成绩考入八中高中部实验班。实验班是为重点培养优秀学生设置的班级，目标是五年学完中学六年的课程。正当陆亦群在老师指导下勤奋刻苦学习，踌躇满志准备未来考大学的时候，"文化大革命"开始了，学业被迫中断。1968年12月20日他和一些同学作为北京知青到山西省浑源县裴村公社下乡插队。在浑源县农村度过了六年多的下乡劳动生活。他们住在农民家，与农民一起种玉米，种土豆，种除了小麦之外的五谷杂粮，每天靠劳动挣工分，生活非常艰苦。在插队劳动之余，不甘寂寞，陆亦群和同学们创办了公社气象站和公社微生物农药厂，开展人工培养灵芝的工作。1974年4月随着全国知青开始大返城的风潮，回到了北京。

回北京后，陆亦群被北京人民汽车公司招工到新成立的公司直属的建筑工程队上班，整整当了四年工人。建筑工程队中有不少像陆亦群这样的返城"老插"当骨干，因为喜爱机械，所以陆亦群主动要求到机电班工作，主要从事建筑工地的电气安装和机械维修工作。他凭借自身对机械的浓厚兴趣和吃苦耐劳精神，不久成为机电班的班长。他带领大家大搞技术革新,为队里制作了木工的圆盘锯、水暖工的套丝机、瓦工的筛沙机等,提高了工人们的工作效率,减轻了工作强度。

当时他还没有学过机械制图,但是他努力将所想象的图样描摹出来,站在加工机床旁边一点一点地解释给加工师傅听,一起探讨,一起制作,几种自制设备都获成功。1976年起连续两年,他被北京市人民汽车公司评选为"北京市交通局工业学大庆标兵"。

机遇降临　参加高考

1977年10月初,社会上开始流传国家要恢复高考的消息。正在忙碌工作的陆亦群起初并没有把高考和自己联系起来,他觉得自己快到29岁了,恐怕没有资格参加高考了。家里残存的中学课本被邻居孩子们一扫而空。直到10月26日,北京日报以答记者问的形式专门讲了允许老三届中学生报名参加高考,不受年龄限制,陆亦群这才有资格报名了。

但正在建筑工程队一门心思搞技术革新的陆亦群,高亢的工作激情还没过去,填报高考志愿时,每人可以填三个志愿。为了表达"上大学只是为了提高技术能力将来更好工作"的思想,为了自己喜欢的专业,所以在志愿表上毫不犹豫填了三个完全相同的志愿:北京建筑工程学院建筑机械系。

1977年12月10日—12日,在北京育英学校参加了高考,1978年3月收到北京建筑工程学院的录取通知书,成为本单位唯一一位考上大学的人。1978年4月,在被耽误了十年后终于踏入了大学校门,到北京建筑工程学院报到,成为机77-1班的一员。

陆亦群准考证,1977年

陆亦群入学通知书及信封　1978年3月25日

为了弥补被耽误的十年时间，陆亦群和同学们的大学生活是在每天早出晚归、争分夺秒的刻苦学习中度过的，学院老师们评价：这是有史以来最刻苦学习的一届学生。四年的学习很快结束了，毕业分配时，陆亦群被分配到北京市工程机械研究所工作。

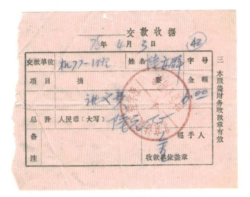 

缴纳第一笔学杂费收据，1978年4月3日　　　三好学生证书，1981年4月9日

当时77级的大学毕业生非常受社会欢迎，各单位都抢着要人，陆亦群进入北京工程机械研究所工作后，很快得到研究所的格外器重。在研究所二年的工作期间，他就参加了0.1立方和0.4立方履带挖掘机项目的总体设计工作，发挥了重要作用。

1984年，他调入中国铁道科学研究院，开始从事铁路养路机械新技术研究、技术引进、装备的国产化开发及研制等工作。1988年起，他参加铁道部引进国外铁路大型养路机械生产技术和国产化生产工作，先后参加了铁道部技术考察团出访奥地利、美国、德国。1990年担任养路机械化研究室主任，代表铁科院参加铁道部大型养路机械国产化联合体工作，历经10年时间先后完成大型道床捣固车、道床全断面清筛机、轨道动力稳定车、配砟整形机等四种主流机型的配套生产,为我国铁路六次大提速提供了重要条件。

1998年在铁道部指导下,他筹建"北京龙达科技开发有限公司",兼任公司董事长和总经理,公司以开发具有国际先进水平的小型养路机械系列产品为主要目标。2004年筹建"宁波龙达世嘉机电设备有限公司",兼任公司董事长,主要生产铁路小型养路机械等产品,龙达公司的产品在全路处于领先地位。

陆亦群在铁科院工作期间,他主持研发的"捣固车激光准直系统""顶置式液压空调系统"等大型养路机械部件和"小型养路机械系列产品",均属于国内领先水平的高科技产品,在国内外铁路领域得到广泛运用,取得很大的经济效益和社会效益。

1986年起,他主持和参加的多项国家重大科研项目,获得国家科技进步二等奖1项、三等奖1项、铁道部级科技进步一等奖1项、二等奖2项,铁科院科技进步奖多项。1985年以来,他获得国家授予的专利权:二项发明专利权,六项实用新型专利权。

1996年,陆亦群在全国铁路科技大会上获得"全路优秀科技工作者"称号。2006年,他参加的《铁道线路大型养路机械成套装备技术及应用》项目获得国务院颁发的国家科学技术进步二等奖。该项目自1985年实施以来,历经20年,集中了我国铁路大型养路机械在引进国际先进技术基础上的集成创新成果,实现了大型养路机械装备的合理配套,创立了符合中国国情的大型养路机械技术体系,使我国大型养路机械的整体装备和应用水平跨入了世界先进行列。该项目成果的推广应用,在提高我国铁路繁忙干线线路质量,确保铁路提速、重载目标的实现,保证行车安全等方面取得巨大成效。

大型养路机械作业机组

大型养路机械在提速线路维修施工

大型养路机械作业施工

2008年12月,他退休了。

退休后,他继续在忙碌,因为他敏锐地发现线路养护技术和管理规则跟不上高铁快速发展的需要,有责任和能力再继续为铁路养护技术做些贡献。这也是他一辈子研究机械的兴趣,乐此不疲。

一退休,他就成立了研发高铁小型养护机械的公司,目标是为高铁研制锂电智能型轨道扣件安装设备。由于类似设备国内外没有,没有任何参考条件,一切需要从头研究。因此从专用锂电池的试制开始,进而开发大扭矩无刷电机、精密传感器、数字化智能测控系统等,所有的原理性试验、基本技术参数测试,初始试验样机都是亲力亲为,他完全保持了铁科院科学严谨的研究作风。他说要创新产品的研究必须先从制备基础的参数试验装备开始,关键的技术参数只能靠自己的试验才能取得,虽然研发过程较长,但是安全可靠,后期的研究工作才会少走弯路。目前,几款具备国际、国内领先水平的智能型专用设备已获成功,正在全国铁路领域和轨道交通领域推广使用。

作为从事铁路装备技术几十年的科研人员,临近退休时,他感到很骄傲。因为,多年来他们的科研工作从向国外先进公司学习,到在后面跟随,现在终于进入到并行、超越阶段了,现在我们在高铁技术方面遇到的难题,多数只能靠自己采用创新的方法来解决,因为在中国人的前面已经没人了,这是每一位科研工作者的骄傲,也是每一个中国人的骄傲。

兴趣盎然,充实人生

在访谈中,每当谈到过去的成就,陆亦群便会非常开心,非常自豪,"老夫聊发少年狂"的风采并不是每一个人都能有的。他所取得的一切成果和满足,只有一个动力,便是兴趣。他谈到,现在的教育界的功利色彩太浓了,施教不问兴趣,学生们学的往往不是自己喜欢的专业,毕业后从事的往往不是自己喜欢的工作,这对个人的未来人生有着极大的负面作用。

他有一句话送给现在的学子:"培养专业兴趣,成就未来人生"。他说,学生要对自己的专业有兴趣才可能学好,学习也会轻松些,不能只是

为了将来好找工作。毕业后，只有所从事的工作和个人兴趣能紧密结合才会产生工作乐趣，取得成绩后才会有成就感。一切动力来源于兴趣，对于自己喜欢的工作，遇到困难或挫折时才会无怨无悔的千方百计地去克服困难。只要工作中有快乐，才能有快乐的人生。尤其在当前国家鼓励年轻人自主择业、自主创新的新时代，有意识地培养个人的专业兴趣尤为重要，只有这样，人们才会忘我的工作，不抱怨工作环境，不抱怨工资待遇，自己也很快乐。

陆亦群很庆幸一辈子做了喜欢的工作，他认为，人生大部分时间都是在工作，所谓快乐人生，首先工作必须是快乐的才可以。这也是现在的年轻人所要学习和领会的。

（撰稿：国佳　编辑：沈茜）

火炬妈妈　火中求真
——记城市燃气热能供应工程专业 1983 级校友高春梅

高春梅，中共党员，我校城市燃气热能供应工程专业 1983 级校友。现任北京市燕山工业燃气设备有限公司董事长、北京市公用事业科学研究所教授级高级工程师。她先后获得全国劳动模范、全国五一劳动奖章、北京市劳动模范、首都劳动奖章等荣誉。2012年当选北京市第十一届党代会代表，被媒体称为"火炬妈妈"。

北京市公用事业科学研究所是她一毕业就被分配来的单位，一干就是三十年。

三十年来，她一直从事燃气应用与燃烧技术方面的研究与产品开发和大型火炬与艺术燃火项目，研发了多种节能低污染灶具与燃烧器，主持设计研发了 2008 年奥运会、世界大学生运动会、非洲运动会、亚洲沙滩运动会、澳门东亚运动会、全国冬运会等几十项国内外大型运动会主火炬，以及上海迪士尼公园焰火特效和沙特阿拉伯艺术燃火等项目。2008 年作为奥运会火炬塔设计团队燃烧输配组组长，主持了火炬燃烧系统的设计研发，以及制作、安装、运行保障等。此项目为集团获得了国家科技进步二等奖。

在科研方面取得了多项成果，她获得了北京市科技进步奖 2 项，取得 2 项发明专利，17 项实用新型专利，发表了数十篇论文。

饮水思源 感恩母校

中国有句古话说得好：饮水思源。恩师是校友们的智慧之源，母校是校友们立足事业之源！如果把学校比作一艘船，学校的老师教会了大家如何掌舵，知识好比扬起的风帆，载着大家在事业的海洋里乘风破浪、勇往直前，驶向成功的彼岸。三十沧桑情依旧，桃李携手恩师情。高春梅与所有校友一样，怀着一股感激之情，感恩栽培他们的老师，感恩成就他们的母校—北京建筑工程学院。她心中时时有着对母校的眷恋和牵挂。在工作中，在生活里，在方方面面中，高春梅始终牢记老师的谆谆教诲，时刻难忘同学之间结下的深厚友谊。

她动情地回首往昔："蓦然回首，我们这些曾经朝气蓬勃、风华正茂的青年满怀激情和梦想，在母校度过了一生中最难忘的美好时光和青葱岁月，留下了许多令人难忘的回忆。曾记得，我们踏着晨曦，迈着矫健的步伐穿过篮球赛场；课堂上，我们在知识的海洋里汲取着丰富的营养；教室里，我们在聚精会神的听讲和学习中迎来秋风送爽。也曾记得，伴随着下课铃声我们迫不及待地拎着饭盆冲向食堂；在长明教室里用书本占地儿挑灯夜战，考试前在被窝里打着手电临阵磨枪。也曾记得我们在宿舍里欢声笑语，叙说人生、畅谈理想，偶尔也聊一聊隔壁班的男生和女生；更记得毕业时站在月台上挥泪话别、互道珍重；我们怀揣着报效祖国的远大志向，各自踏上了事业的征程。"

如果说母校是高春梅和同学的练兵场，那么社会就是他们施展才华、大展拳脚的战场。一路走来，高春梅在自己的道路上承受过失败的痛苦，享受过成功的喜悦，磨炼了意志，铸就了成功！她始终坚信经历就是财富。所谓面朝大海春暖花开的背后，其实有着很多人们想不到甚至不敢想的默默付出。没有谁能够随随便便成功，也没有谁能独自成功。这一点她深有体会。

满含激情 不惧挑战

2006年1月27日，高春梅所在单位接到北京2008年奥运会火炬设计邀请函后，经过领导认真研究决定，由高级工程师高春梅担任小组负责人，带领团队承担起2008年奥运手持火炬设计方案的投标工作，进行火炬的内部设计，即燃烧与燃料系统的设计工作。在一个月的时间内设计出具有国际水平的手持火炬，所设计的火炬不仅要体现国家的传统特色，具备独特精美的艺术造型，同时要更环保、更安全，而且还要展现出高科技手段，这无疑是一项艰巨而紧迫的重要任务。对于科研所来说是一大挑战，对高春梅本人来说是一次严峻的考验。尽管她具有多年从业经验，有一定的火炬设计经验，但如此大型盛会的手持火炬燃烧与燃料系统设计还是头一次。她作为方案的主创人员，凭借着多年从事燃气应用与输配技术的研究经历和成熟的专业技术，以及丰富的实践经验，满怀着对祖国第一次承办奥运会的骄傲与期待、激情与信心。她立即全身心地投入到此项工作中，加班加点，昼夜加紧工作成为常态。作为一位母亲，她顾不得照看生病的孩子，作为女儿，她顾不得常去看看老人。在最短的时间里，她们团队拿出了多种初步设计方案和设计草图，而后经过大家多次论证和不断完善，终于在一个月的时间里完成了应征设计方案，按时上交奥组委。

功夫不负有心人，经北京2008年奥运火炬设计应征活动初评评审委员会评定，高春梅团队设计的应征作品在国内外数百件作品中脱颖而出，入围前九名，获得复评资格。随后，新的更艰巨的任务再一次摆在了设计团队面前，要求在一个月的时间里制作出一台样机，且技术指标完全符合要求。同样，高春梅面对这一艰巨考验依然没有退缩，她带领着火炬小组刻苦钻研、科学分析、开拓思路、大胆创新、勇于突破、忘我地投入，又经过加班加点、昼夜奋战，克服了多个技术、工艺和制作上遇到的种种难关后，她们科学合理地解决了稳定燃烧、清洁环保、隔热、阻液、跌落保护、安全控制、燃料控制、密封连接以及机械结构设计等多方面的技术难题。最终在规定的时间里成功地将自主研发的前所未有的带跌落保护控制装置的具有高科技水平的火炬技术构想转化成实物，各项指标均达到奥运火炬标书规定的技术要求，并通过了抗风、抗雨等各项技术测试。

宝剑锋从磨砺出，梅花香自苦寒来。高春梅就是这样一位不忘创新初心，牢记奉献使命的"火炬手"。

凤凰涅槃　浴火重生

高春梅完成手持火炬的重大设计后，得到了奥组委领导的高度认可和信任，再次临危受命、担当大任。2008年，是令她终生难忘的一年，她有幸成为奥运会开闭幕式主火炬设计制作团队燃烧与输配组组长。作为燃烧系统的首席设计师，高春梅历经了前所未有的考验和挑战，不知度过了多少个不眠之夜，解决了数不清的难题；既有面对挫折和失败的烦恼，又有成功的喜悦和自豪。最终她和团队圆满完成了奥运主火炬燃烧与控制系统的设计、研制与运行保障等各项任务，交上了一份令国人满意、令世界瞩目的答卷，并荣获了国家科技进步二等奖。

高春梅和团队还先后完成了世界大学生运动会、非洲运动会等数十个国内外大型运动会火炬的研制,以及沙特阿拉伯的城市景观、2017年央视春晚四川分会场、加拿大太阳马戏团等艺术燃火特效。在负责上海迪士尼焰火表演项目中,她通过总结经验,大胆怀疑和假设,将教材中的公式完美结合,发明出一套有独创性的"高式算法",既保证了燃气的充分燃烧,也保证了安全环保,让一开始看不起中国技术的外国专家纷纷竖起大拇指。高春梅既突破了技术屏障,也为国人争了光。

火中求真　坚持如一

多年来,高春梅一直从事燃烧应用技术方面的研发工作,与燃气和火打了几十年的交道,气与火即好比是一对情人彼此密不可分,但有时又如同仇人,一言不合就会爆发。作为专业者人员,既需要胆大心细,又要科学严谨。同时,搞科研即要耐得住寂寞,又要不断创新。要问她有什么感想可以分享的话,高春梅总结出两个字就是:"坚持"。漫长艰辛的成长之路使她体会到:一辈子专注做好一件事并不容易。三十载的岁月沉淀和历练,使她从一个懵懂的大学生成长为教授级高级工程师,在平凡的岗位上铸就了非凡的事业。

岁月不居,时节如流!几十载奋力拼搏,仍对母校情感依依。高春梅相信,每一位校友都是播撒在广袤大地上的火种,努力闪烁着北建大的光芒。北京建筑大学永远是我们每一位"北建大人"共同的精神家园。高春梅希望与母校和校友们一道,紧紧抓住大有可为的历史机遇期,不忘初心、砥砺前行,全力创造母校发展新业绩,奋力书写新时代的新篇章。

（撰稿：赵亮　　编辑：沈茜）

生活没有定位，唯专注铺就人生路
——记工程测量专业 1986 级校友张良奇

> "天若有情天亦老，人间正道是沧桑"，没有努力就不可能成功，事业的发展充满着曲折，这是人生常态。
>
> ——张良奇

北京建筑大学在 111 年的发展历程中，培养出了一大批成绩卓著的校友。校友们在各行各业中脚踏实地做事业、挥洒汗水绘人生，他们在自己的人生旅途中书写精彩、铸就传奇，为祖国城乡建设乃至世界其他国家建设贡献着北建大智慧。

校友张良奇就是这样一位北建大人，用不懈的努力与奋斗书写自己的人生，用不断的探索与尝试改写自己的人生轨迹，用实力证明自己是母校的骄傲。

张良奇，工程测量专业 1986 级校友。河南万里路桥集团有限公司主要创始人，现任河南万里路桥集团有限公司董事长，许昌德通振动搅拌技术有限公司董事长，中国公路学会养护与管理分会副理事长，许昌市第六届最高科学技术成就奖获得者。

1986 年，张良奇从河南许昌考取北京建筑工程学院（北京建筑大学前身）土木二系工程测量专业。"工程是什么？""测量又是什么？"懵懵懂懂，充满好奇的少年在首都开始了三年求学生活。学校的恩师教育他了解了"测量"、了解了"工程"中测绘工程师需要掌握的专业基础知识与专业技能，尤其是几次大型实习，在具有丰富实践经验的老师们带领下，同学们穿山越岭，与小平板、塔尺、水准仪、经纬仪为伴，与蓝图、硫酸纸图为伴，使他彻底弄懂学通了书本上的平差、缓和曲线、闭合、控制等等生僻的专业术语。安静圣洁的校园也让他收获了友谊，同窗好友成为他一生的挚友与战友，也成为他未来事业的得力合作伙伴。北京建筑工程学院理论联系实际的教学特色，使他受益匪浅。在毕业之时，他可以自信地说，我就是北建工要培养的"干得好，留得住"的一线工程技术人员。

实干是信念——"纸上得来终觉浅，绝知此事要躬行"

1989年，他从北建工毕业了，被分配到河南省许昌市公路总段，成为由河南省交通厅委托北京建筑工程学院培养的第二届毕业生。当时，在改革开放前期，河南省公路交通事业建设急需人才，许昌市公路总段求贤若渴，对从北京回来的大学生报以热切期望。在外人看来，干工程这行是非常辛苦的。尤其是工程测量专业。往往在荒芜一人的山间地头，是他们在做工程项目的第一批探路者；往往在工程项目启动时，是他们在做工程施工的先行者。他们在地图上详细勾画出地块的现状，在地图上详细勾画出工程详情，在类似白纸一样的地块上勾画出工程图纸的底图。这些，通常称为工程测量专业的"外业"。相对而言在办公室处理数据和图纸的"内业"，让人更青睐。但是，刚走出校门的张良奇没有辜负总段领导厚望，也没有辜负母校不怕吃苦、从一线做起的谆谆教导。虽然，当时公路局在社会上的职业地位不高，但是，他还是明智的拒绝了在总段坐办公室的工作机会，而是选择被分配到许昌市公路总段工程处，从施工一线做起，主动历练。他说，从学校里学来的知识，就是用来实干兴邦的。

在施工一线，他组织各部门、协调工作，进行实验、测量，把自己的专业知识最大程度发挥出来。在那里，他做了自己真正想做的工作。

功夫不负有心人，张良奇凭借优秀的专业知识和工作素养，创立了一种新的机制——"施工任务书制度"，此项制度很快在全段得到认可并得以推行，不同部门间的设备、人工等资源协调得到保障，工程进展速度也很快得到提升。将近三十年，"施工任务书制度"沿用至今。

工作没有多久，张良奇就凭借优秀的工作业绩，扎实的专业素养，踏实的工作作风获得"许昌市十大青工标兵"称号。1992年,他光荣地成了一名预备党员。1993年，总段机关又瞄上了这个能干的大学生小伙子，计划把他提升为团委书记。他婉拒了。他说："我就是愿意在基层做技术员。还有很多东西没有学透呢。"实干是信念，这句话于他来说是工作的生动写照，是躬行践履的人生态度。

1994年，张良奇被提任到公路局分段当副段长。在外人看来，本以为他会在奋斗了几年后安于这个位置。出人意料的是，他竟然辞职了。辞职的动因源于1994年，他去了一次南方，改革开放引擎下摧枯拉朽式发展下的深圳模式，不亚于洗脑式的触动。奋斗的人生当如此！那一刻他就决定要辞职，去南方融入城市建设发展中，去打拼创立出自己的事业！期间，段领导多次找他做思想工作，绞尽脑汁极力挽留他。直到2000年，领导挽留无果，年届不惑的张良奇毅然决然地去追寻外面更广阔的天空。

专注是本钱——"书痴者文必工，艺痴者技必良"

张良奇辞职后，瞒着家人就赶赴江苏，利用自己的专业技能，进入道路养护工程领域。当时，高速公路建设刚刚开放，张良奇和他的团队："万里路桥"大力开展高速公路养护业务。经过努力，功夫不负有心人，他最终做到了业务全省第一的业绩。在做养护工程的过程中，张良奇痴于苦苦琢磨技术，痴于不断发掘客户需求。现在的他，已是国内公路养护领域的行业标准制定者之一。

专注，是张良奇身上最亮的闪光点。他从一开始就专心于道路工程施工专业，到后来专注于公路养护领域。第一桶金拿到以后，他并没有骄傲，没有过分自豪，而是期待更好的未来，也让他更加明白技术和质量是企业发展的生命力所在。依靠着超强的实干精神，保持着高度的专注力，张良奇今天才会十分有信心地说："我们企业的价值，就是让社会发展因我们的技术而变得更有意义。"

当被问到"企业核心竞争力是什么"的时候，张良奇说，一个企业的核心竞争力，是长期的积累。万里路桥从创业之初到现在的辉煌成就，是一点一滴的积累，是实干的积累，是专注的积累。人生又何尝不是如此呢？一个人的长足发展，也必是受挫经历的积累，文化知识的积累，工作经验的积累和精明决策的积累。

张良奇说："当国家大建设完成之后，该如何发展？道路养护需要一个品牌，而我正好拥有一个这样的创新品牌。我的目标不是要挣更多的钱，而是希望能在我的行业更好的发展，能多为社会做贡献。"正如他给公司发展的价值理念所定位的那样，为社会发展做出突出贡献一刻也离不开专业的积累和技术的革新。

2000年9月，张良奇创立了万里路桥。2018年，万里路桥迎来了自己的18岁生日。

如今，万里路桥集团已经拥有5个省级科研中心，1个交通运输部行业研发中心，1个院士工作站，1个博士后科研工作站，6个市级研发中心，1个市级重点试验室。

"万里路桥"品牌已在行业内崭露头角，德通、路太、金欧特等子品牌在行业细分领域也已占据一席之地。18岁的万里路桥将继续坚持以产业创新推进企业转型升级，以建设养护全产业链新技术、新装备、新材料，以及引领世界的振动搅拌技术，精益管理，提升效率，以技术服务和标准建立支撑销售业绩大幅增长，坚持技术创新与商业模式创新并重，为行业进步提供优质高效的建设养护产品和技术服务！18岁是成年礼，成熟与稳健的万里路桥，将以更为坚实的力量和最大的真诚去谱写灿烂的明天，积极为交通强国梦做贡献。

感恩是力量——"寄望后来者，成功报师尊"

母校，对于每一个成功的人士来说，应该是社会生活中的一种挂念，一抹相思。宁静的学校光景，有的是同窗的单纯友情、师生的亲切情谊，还有在知识海洋遨游的淋漓畅爽。想起三年的求学时光，张良奇的脸上又挂满了少年般明媚的笑容。他缓缓地回忆着，仿佛时间慢了，回到了从前17岁的光景。他说，在学校里从没有受过世俗的影响，那些和同学一起学习、玩耍的日子很舒服，很快乐，很惬意，很是让人怀念。学院团委等部门对他也很器重，让他得到了许多历练。"母校那段时间是我一生宝贵的财富，对于老师也有很美好的回忆。测量专业的老师给我们讲人生道理。'天若有情天亦老，人间正道是沧桑'，没有努力就不可能成功，事业的发展充满着曲折，这是人生常态。老师的一句话，对我触动很大。美丽的花朵开放需要辛勤的浇灌。创业者要在坚守伦理道德底线的基础上，不懈努力，追寻成就事业的梦想。""团结、勤奋、求实、创新"的校训，他记忆犹新，是他我一生难忘的警句。他说，校训精神，对我和我们的企业起到了很大的引领和指导作用，公司的文化就是以学校校训为蓝本创立的。做什么事情都要追溯源头的话，那么我的事业成就的渊源就有一部分来自母校校训精神的滋养。

他是河南省校友会主要创建人之一。河南省校友会是京外最早成立的校友会，也是拥有最庞大校友群体的校友会。作为河南校友会中的老大哥之一，他为校友会发展做出了积极贡献。2016年，喜闻母校校庆，河南校友会欣然捐资五十万元为母校庆生。其中，有几百位河南校友的心意，也有万里路桥集团捐资助学回馈母校的义举。

他说，是母校培养了我，是同学、校友、恩师、朋友成就了我。他希望近微薄之力和母校在科技创新、海绵城市建设、"一带一路"建设等方面有更加深入的合作。

无疑，张良奇的生活和事业是精彩的、幸运的，他是商届翘楚、是校友榜样，实干、专注、感恩，这些关键词都是他人格魅力的真实写照。

张良奇寄语学弟学妹：

在上学的时候把专业学精学细；求职的时候不要惦记着寻求捷径；做人做事踏踏实实，追求卓越；坚守伦理道德底线，不做随波逐流之人。

（供稿：王欣宇　编辑：沈茜）

北京大工匠
——记测绘工程专业 2006 级校友武润泽

他——年纪轻轻却有着精湛的技艺，谈笑风生中渗透着他对测绘事业的追求与思考。

他就是武润泽，我校测绘工程专业 2006 级校友，他是北京市测绘设计研究院首席技工，工程测量员。他的拿手绝活是熟练使用多种测绘仪器，极短时间内完成仪器的安置和观测，快速准确的完成相关数据的平差计算，运用制图软件高效地完成内业成图。2018 年，在首届"北京大工匠"的选树活动中，他以精湛的工艺，脱颖而出，打败了多位享受国务院政府特殊津贴的专家，斩获"北京大工匠"称号，不到 30 岁，跻身北京十大工匠之一。

"踏踏实实学样技艺，将来能为北京的建设做点什么"

"从北京房山考入北建大，是我的梦想。"2006 年刚刚在建筑测绘工程专业学习的他对专业还懵懵懂懂，一心想着踏踏实实学样技艺，将来能为北京的建设做点什么。

为了能够把课程学的扎实，武润泽上课认真听讲，下课复习总结。"一定要用足课上时间，老师说的每一句话都很重要"。武润泽自嘲不是什么聪明的孩子，认真听课，勤加练习，才能会学的扎实，而这些就跟盖大楼的地基一样，需要做的牢固。

大一下学期，武润泽接触到了第一门专业基础课"测量学"，这让他对专业有了初步认识。"老师告诉我们严谨是测绘人必须做的事情，为了得到精准的数据，测量过程要反复校核"。严谨是测绘专业留给武润泽的最深印象，这也成为武润泽日后工作的标准与原则。

有了基础理论，武润泽对测绘就更加好奇了，到底图是怎么画出来的？在数字测图实习中，武润泽按照老师要求，六人一组对校园进行测量。经过两周，当大家把图纸呈现出来的时候，一股成功的喜悦感油然而生，但是老师却说："虽然你们完成了本次教学任务，但是在实际工作中，这点工作量是两个人半天就能完成的"。听到老师的讲解，武润泽的好奇心再次被点燃，"那实际工作中图纸到底是怎么画出来的呢？我们的差距在哪呢？"善于思考的武润泽开始了对测绘实践的新探索。

大学三年级，武润泽赶上了北京测绘技能大赛在学校举办。扎实的业务功底，让武润泽在选拔中脱颖而出，并担任组长。准备比赛时正值控制测量实习期间，炎炎夏日，武润泽和他的比赛团队在实习间隙加班训练。导线、水准、测图……每一个环节都要求熟练掌握，并在尽可能高的精度下，提高工作效率。

"测绘对精度要求是第一位的。我们测量的每个数据都必须反复检核，一一比对。"谈话中，武润泽谈到测量时，一副严肃的表情。

"你能感觉到讲课时武润泽的认真劲，他善于思考，经常课下问问题"，指导教师周乐皆介绍说实习期间武润泽经常会对赛事和技能提出自己的见解与思考。出身农村的他，天生就有股吃苦的劲头，蚊虫叮咬、炎热难耐……艰苦的作业条件下，丝毫没有阻挠他，他还坚持为团队拉箱子、背脚架、抱仪器。

"从鹫峰回来，我们都变成了'大熊猫'"，武润泽笑着回忆那段日子，他说奋斗的过程肯定是艰辛的，但是团队作业充满了乐趣，当看到整个测区都是自己团队的人时，内心就会由一种说不出的自豪感，有一种"我们是在为北京建设贡献力量的真实感受"。

精诚所至，金石为开，武润泽团队在北京测绘技能大赛中凭借精准的操作和熟练的技能获得第一名的好成绩。

"参加完比赛后，我对测绘的了解就立体了。用老师的话说'你们可以参加生产了'。"武润泽认为大学期间的这次比赛，让他对测绘工程有了系统的了解，体会到了各门学科之间在实际应用的关系，这为他后来顺利进入北京市测绘设计研究院工作奠定了扎实的基础。

2010年，武润泽以笔试第一名的成绩进入北京市测绘设计研究院工作，从事测量工程，他距离梦想越来越近了。

最初两年，武润泽主要做工程和建设规划方面的野外测量、修路、盖楼、市政管道铺线等工作。野外作业，环境多变，风吹雨打是常有事宜，但在肯于吃苦的武润泽眼里，这些都是一个测绘人应该承受的事情，从踏入大学的那一刻起，他就做好了准备。

"我们爬的山，与景区的山不一样。那一次我们深入山区大约5到10公里，都没有路。满山的荆棘，走着走着，裤腿上都是刺儿。"武润泽介绍作为一名测绘人员，别人上不去的野山，测绘人员必须得上去。在北京西北部山区控制测量时，他们组早上五六点就要出发，要在荒山野岭一边走一边找控制点。全程完成测量预计需要6个小时，中午饭也只能吃自己背上山的干粮。因为测量的是深山，经常会有各种野生动物出没，上山下山，还要准备一个棍子，一边扫着一边走，尤其是怕被毒蛇咬伤。

不仅如此，有时候他们还可能"入地"，就是对地下的设施进行测绘。"一般测绘的范围是地下管线的形状、直径、材质、走向等。地下管线测量难度比较大，比如有的地下管线的温度特高，温度达四五十摄氏度，而且测绘条件也比较差。"

2012年，武润泽还参与了北京"7·21"大雨后灾区的应急测绘任务。"灾区安置房在建设之前，需要我们测绘人员先对地形进行测绘，做出反应灾后地形的地形图。我们是在当地住了两周，是第一手掌握当地灾后地形地貌的人。"武润泽说。

为了节省时间，武润泽他们还经常走到哪里就住到哪里，走到哪里就在哪里解决吃饭问题。"如果测绘的覆盖面积大，或者测绘地比较偏远，我们就会住在测区附近，以便提高每天的工作效率，因为每天往返的时间成本比较高。"武润泽因工作经常不着家，最长的一次在宾馆住了半年。

问起工作与家庭是否矛盾，武润泽却轻松地回答："测绘行业无处不在，任何一项工程都需要进行工程测绘，'能为北京的建设做点什么'这是我的初心。"

从踏勘到拓荒，从拆迁到建设，他看着北京城一百多栋建筑拔地而起。"能为北京建设做点什么"这个梦想，武润泽实现了，并将一直践行下去。

善于思考，优化思维，想方设法用自动化解决一些人工问题

2013年，武润泽参加全国测绘地理信息行业职业技能竞赛。比赛属于地籍测绘，分理论和实践两部分，理论占分30%，实践操作占分70%。因为工作的两年，他接触地籍测绘比较少，这次比赛正好可以弥补自己这方面的知识。为了备考，武润泽工作之余查阅翻看了很多关于地籍测绘的书籍，在读中学，在学中思，求知的欲望启发武润泽产生了很多的思考。"既然参赛就要全力以赴"武润泽带着这个信念，武润泽经常回母校温习、求教。这种对知识的认真劲深深地感动着教过他的老师。周乐皆老师说，"我现在给学生们教书时经常举武润泽的例子，希望同学们都要学习这种求索的精神"。

理论做得扎实，还要能实践。武润泽说，作为一名测量人员，光闷头干不行，还要结合理论，多接触新技术新方法，只有不断创新才能逼近前沿。

比赛要求两人一组，一个观测、一个跑尺，每个人利用全站仪，在调换角色中根据标准测出数据并绘制1∶500的地形图。图纸的质量和精确度需要满足要求，比赛

用时最短者取胜。

"用什么方法可以画的更快、更好",武润泽赛前不停思考着这个问题,"曾记得学校老师告诉我们,要善于思考,优化思维,想方设法用自动化解决一些人工问题。"最终武润泽决定用简码法开发一些小程序。他打算将测区内所有的地物类型以编码的形式录入到全站仪里,经过一定的分类处理,把特定指令的代码以自动化的形式,直接展绘出图。

有了准确的思路,武润泽比赛过程沉稳、踏实,最终他将户外测量时间和绘图时间都控制在90分钟左右,比要求的100分钟快10分钟,精度高、质量好的作业成绩,再加上扎实的理论功底,武润泽获得2013年全国测绘地理信息行业职业技能竞赛地籍测绘项目全国第一名的佳绩。

"脚踏实地,必有收获"

不积跬步无以至千里,不积小流无以成江海。有了2013年全国测绘地理信息行业职业技能竞赛地籍测绘项目全国第一名的好成绩,2014年武润泽又接连获得了全国技术能手、全国青年岗位能手、全国五一劳动奖章等多项荣誉称号。

外业测绘,一般需要三个人,一个观测、一个跑尺、一个记录。但是武润泽琢磨出了一套利用"手语"传达地物代码的方法。而这个方法,可以把外业测绘精简至两个人。只要双方对这手语了解,五指张开一挥或者一摇,测得的数据就可以精准传递到50米外的队友了,这大大提升了数据采集的速度和编码准确度。

2016年,武润泽凭借资质和技能参加北京大工匠评比,经过北京市测绘学会的四轮评审,武润泽精湛的技艺让其跃身为北京大工匠比拼的三名种子选手之一。同时北京市总工会面向全市征集挑战选手,进行终极挑战。

"面对多位享受国务院政府特殊津贴的专家和行业前辈,怎样才能取胜?"武润泽冷静分析赛事。比赛是对测绘基础技术技能的比拼,涉及精密水准测量、坐标测设两个内容。要想获胜:第一要测得精准,第二要靠团队的协调。对于精准,武润泽独有的"手语"传达地物代码法可以快速准确的完成比赛;对于团队,武润泽决定邀请自己的大学同学一起参赛,多年的同学情谊,再加上平日的技能沟通,这个团队对武润泽自主研发的工作技能有着熟练的了解与掌握。在团队精心准备下,武润泽以2毫米的误差赢得赛事,斩获"北京大工匠"称号,成为至今最年轻的"北京大工匠"。

谈到对工匠精神的理解,武润泽说:"我认为北京建筑大学校训是对测绘领域工匠精神的最好诠释:客观准确的数据,加上精益求精的精度,概括起来就是'实事求

是 精益求精'"。

  当问及这些年一路走来成功的秘诀时，武润泽说"人最可贵的是不忘本，从事任何一个专业，最本质、最基础的东西不能忘"。这些年，武润泽就是靠对基础测量技能的钻研，脚踏实地，耐心思考，不断创新与实践，才取得了一个又一个殊荣，而这些可能就是我们所说的敬业吧！

  言语间，武润泽对于自己的成绩总是轻描淡写，他认为支撑他走到今天的，并不是对成绩的追求，应该是对事业的思考与钻研，这也将是他一直走下去的动力源泉。

  （摘于北京建筑大学新闻网　　撰文：李守玉　图：吴金金　　编辑：沈茜）

校友文苑

密云水库
刘孝廉　土木工程科 1948 级

库区民众迁出日[1]，建院师生控测留[2]
环湖公路依山建，四周景色甲冀州。
浪细波平鱼鸟戏，渔船机艇往来弋。
苍松翠柏西野绿，清水入京润心头。

注：1. 58年建库前参观库底村落。

　　2. 建工学院给水排水专业、道路与桥梁专业两数百名师生参加水库测量及质控工作，时达一年半。

远赴巴格达搞建设的回忆（连载三）
孙兴国　城市建设财务会计 1963 级

第七章　拜访巴比伦

　　1986年4月的一天，因为接待北京海关考察组，我与他们一起参观了古代巴比伦遗址。现在人们看见的是1982年新修的城墙和城门。遗址的城门类似我国的古城楼，上面也有一个个的垛口，城门之下也有一个圆顶的拱城，墙上有各种动物图案装饰，蔚蓝的色彩，伊斯兰的风格，在阳光照耀下显得非常漂亮。城内的墙上绘制的昔日古代巴比伦的地图，有城市、广场、河流……还有汉谟拉比法典的图形。此情此景，令人浮想联翩，当古巴比伦王国建立举世无双的富裕城邦时，世界上多数民族还住在土坑树洞里呢。可惜巴比伦老城在公元前的亚述内战中被毁灭，居民被强制迁移……几百年后，新巴比伦国王尼布甲尼撒重建巴比伦城，新城到处是宫廷庙宇，高耸入云的高塔，光城门就有100座，每座城门都用青铜制成，居民依家族、行业划分自成天地，犹太人和希腊人都有自己独立的社区，各社区由各自的管理机构负责日常事务，建有世界最古老的行会。为了维护奴隶制和财产私有制，国王制定了一部法典用楔形文字将法典全文刻在一根 2.25 米的黑色玄武岩石柱上，以昭示天下和后人。根据史书记载，它是世界上一部最古老，最完整的法典。共有 282 条法律条文。举世闻名的法典有一条最重要的原则，那就是'以牙还牙，以眼还眼'。石柱于 1901 年 12 月由考古人员发现，现珍藏在法国的卢浮宫，目前伊拉克只有一副仿古的绘画让人们凭吊了。此处还有一条 5 米宽，20-30 米长的由石漆"沥青"和煅烧过的大砖铺设的道路，虽然经历了 6000 年的风雨冲洗，人们仍能依稀看到这条已不成形的道路上有沥青的痕迹。在沥青路两边城墙上刻有各种浅浮雕，其中一种被称作"dmardukh god"的瑞兽，它有马的身子，长颈鹿的脖子，龙的角，鳄鱼的鳞，鹰和狮子的爪，蛇的舌头……它是巴比伦的保护神。巴比伦空中花园，是每一个游客神往的世界奇迹之一。可惜，现在只能通过文献记载的描述，想象它巧夺天工的壮美。1997 年萨达姆曾悬赏 100 万美元，在全世界征求不借助任何机械和动力，只用自然方法建造空中花园的设计方案，无人揭榜。驻足在 1000 多年前，底格里斯河巴格达水路码头的位置，遥想当年中国与伊拉克间频繁的贸易往来，感叹世事沧桑。底格里斯河巴格达水路码头长达几公里，据阿拉伯第一部编年史《先知与帝王史》书中记载："由于有了底格里斯河，我们和中国之间就不再有障碍，任何东西都可以经过水路运到这里……"《唐史》也描述了"四方辐辏，万货斗贱，锦绣珠贝，满于市肆，"的"大食国"商队来广州，泉州贩运珠宝，香料，挂毯……

第八章　两地书

1984 年 10 月一踏上伊拉克的国土，我就听说过两地书的传闻，529 合同中有位名叫穆翻的同事每周定时收到三封丈夫的来信。后来，两地书也成了我们每一个劳务人员必写的作业。

有人戏言，我们是"判刑 2 年，国外执行"，思乡之情无时不在。有人在米格纸上划上小飞机，机头指向天空，下面写上巴格达并划上机场图案，上面是北京机场的图形，中间是 670 多个小方格，每度过一天就用红笔涂满一格。1985 年除夕，机械公司有些年长的人，号啕大哭，其思念亲人之情也勾引出了所有人的伤心泪……四公司有位老工人由于 3 个月没有接到国内老伴的来信，竟然破口大骂其家属抠门："24 个信封已经写好地址贴好邮票了，老娘们就舍不得发信，哪怕只写四个大字：平安无事，我也就放心了"，此言一出，引起年轻人的哄堂大笑。在同一房间里，一人来信，只要没有儿女情常之事，大家可以互相传阅，人们主要是为了解国内新闻和市场行情，因为消息太封闭。我向别人借了个能收听短波的半导体，也只能在上午 7 时收听到北京12时的新闻,而且时常有杂音干扰。每当有人从国内带来信件,总部立刻分拣,同时派出小车连夜向西池,南池,塔基生活基地,机械公司城内基地送信,一封信可以让人高兴好几天,每次下班时,一听说来信了,工人们就像饿虎扑食一般,把办公室围得水泄不通,人们里三层外三层的寻找家属来信。

在西池,一位测量员和埃及工人半比画半单词连蒙带猜的聊天。测量员请埃及工人喝茶,他连连摆手表示不喝,左手指着下腹部,右手臂抬起来上下比画,口中说着"瓦呀,瓦呀",随后他拿又起空茶杯表示喝完茶水后,右手收缩成拳头,口中说着"说侬,说侬",引起周围工人哈哈大笑。因为所有人都知道,"瓦呀,瓦呀"表示的意思是"很大,很大",而"说侬,说侬"就是"很小,很小"的意思。这也证实了巴基斯坦工人传说中国工人每人带10斤茶叶可以抑制性欲的谣言,看来在外国人中已经家喻户晓了。

1984年至1986年正是两伊战争非常激烈的时期,国内报纸为了保持中立立场,交战双方的消息都全面真实报道,造成国内亲人非常担心我们的安全。其实伊拉克的空军力量是伊朗的3倍,而且四层防空体系可以打击一切来犯之敌的飞机,2年来我们一架伊朗的战机也没有看到,有时防空警报响起,其他国家的工人立即四处躲避,中国工人却满世界找飞机。北京饮水组大多数工人在2年外出劳务期间,没有出现任何问题,他们家人也没有特殊事情发生,实际上为了不给对方添麻烦,信中只报喜不报忧是心照不宣的事。如果人们还留存着20年前夫妻双方来往的书信,现在出版或装订成册的话,两地书将流芳百世。"家书抵万金",两地书确实是一笔巨大的精神财富。

在巴格达深秋宁静的夜晚,我一边看家属的来信,一边听着隔壁录音机中播放着英国民歌"可爱的家",心情无限惆怅,思念之情把我带回那遥远的家乡……

纵然游遍美丽的宫殿

享尽富贵荣华

但是无论我在哪里

都怀念我的家

好像天上降临的声音

向我亲切召唤

我走遍海角天涯

总想念我的家

我的家啊

可爱的家

我走遍海角天涯

总想念我的家

第九章　壁画之谜

　　1986年4月25日，我们和北京海关考察组一起参观了中东地区赫赫有名的壁画博物馆。由于我们不懂英文，又没有带翻译，只知道壁画表现的是几千年前古代阿巴斯王国战胜波斯帝国的卡迪西亚大战，是典型的以少胜多，打败外来入侵者的历史故事。

　　据说，这是韩国艺术家用了2年时间制造完成的。壁画在一个直径20米左右的圆形建筑物上展开。作者运用现代绘画艺术，结合实物，灯光，和墙壁的自然弧度，巧妙运用近大远小的简单原理，十分生动地将一幅历史画卷展现在人们面前。在眼前，那些帐篷，炭火，垂手可摸，看远处，尘土飞扬，士兵万千。壁画开始表现的是国王率领士兵出城迎敌，双方刀光剑影，血肉横飞，大象战车横扫一切，敌人败退而逃……最后国王凯旋，百姓倾城欢庆。

　　艺术家技艺精湛，表现手法令人惊叹！观后迟迟不能平静，恍如穿越至千年前的中东古战场上，恍如我也是披着铠甲冲锋陷阵的一员，当时的感受至今使我难忘。回国后，从新闻中我看到沈阳博物馆也仿照此方法，制作了一副解放战争中四平激战的壁画与实物相结合的模型，但是，和我在伊拉克参观的壁画水平确实不在一个层次上。

　　（未完待续）

人生若只如初见
——纪念毕业三十周年（一）
钮利民　城市燃气工程专业1983级

那时候的天空很蓝很纯洁
你是我突如其来的情缘

最无忧无虑的时光
我们一起挥霍了四年

谁说往事如烟

分明有人把你拍成了高清照片

分别就是为了相见
这一刻我们期待了三十年

风雨兼程仿佛心路遥远
你的来去都让我泪水涟涟

哪怕短暂的匆匆一瞥
足以温暖未来的岁月

心走累的时候
勿相忘 常相约

人生若只如初见
——纪念毕业三十周年（二）
钮利民　城市燃气工程专业1983级

如果把母校比作故园
那是游子挥之不去的梦绕魂牵

青春的记忆是欢快的音乐
曼妙而和谐

青涩是如此苦不堪言
为何越品越觉得甘甜

懵懂的少年
曾经激情澎湃的岁月

你心中的他或她
是否依然如从前

三十年过去
重返更名又扩大的校园

你可能身材依旧
也可能青春不在

时光能不能片刻停歇
让离散的音符泪目彼此不变的容颜

拳 恋
郝建波 道路与桥梁专业 1985 级

以为只是练练身体
却不觉中恋上了你
无论酷暑、无论严冬
有你相陪
生命就充满了活力

以为只是练练筋骨
却渐渐离不开你
脑海有你、梦里有你
有你相伴
每寸光阴都如此美丽

和你同行
每一天都充满了新奇
棚捋挤按、松胯坠肘

你的每一个转身、挪动
都饱含丰富哲理

爱你的长衫飘逸
爱你的淡定自如
爱你的拳拳之礼
爱你的博大精深
更爱你的无言默契

以为读懂了太极
却发现你深如海水
每一天都在感悟
每一刻都在雕琢
你让人生彰显独特魅力！

三十年相见不晚　为三十年返校小作
吕贵峰　测绘工程专业1986级

三十年，弹指一挥间，
北建工的笑颜把我们的梦相牵；
教室里，彼此语盈然，
为了梦想，愉快度过了短短的学年；
三十年，风风雨雨，同聚北建，
相见笑容如花艳；
曾经的青春年少，
如今满是岁月的渲染；
岁月流转情依在，

相逢尽意语阑珊；

脑海里装满美妙的记忆，

同学情谊铭刻在心直到永远；

让我们以成熟的胸怀，

拥抱属于我们未来三十年共同的春天。

从步入校门的那一瞬间，我们就闻到了母校盛夏草木的花香，记起了过去常常留恋的教学主楼、宿舍、操场、食堂，想起了同学们那一张张焕发着青春与热情的脸和带着八十年代学生特有的朴实和风采。转瞬间，三十年已过，我们有的已成爷奶辈，此次返校，我们班已有两位同学永远无法出席，深表遗憾！

杯杯情义酒，浓浓同学情。短暂的相聚畅谈，凝结了三十年的思念之情，空间隔不断牵挂，时间泯不掉心与心的相拥。纵使岁月无情，青春老去，情谊地久天长！祝福老师、同学平安、健康，祈愿母校再展宏图，永续华章！

忆学生时代骑自行车过京西斋堂
吴海罡　城市供热与通风工程专业 1988 级

远山青如洗

旷野撼人心

此地旧战场

曾忆萧将军

（注：抗日战争中的"平西抗日根据地"是北平附近的第一个抗日根据地，司令部最早设在斋堂村中的聂家大院。萧克将军曾在这一带指挥反扫荡作战。本人学生时代曾独自一人骑自行车去百花山、东灵山一带旅游，路过斋堂。后来偶然再次读到"平西游击区"往事，在浮想中仿佛又见到那旷远的自然景象，因做此篇。）

沁园春
贺北京建筑大学校友会广东校友分会成立
于长兵　工程测量专业1993级

北京建大，百年辉煌，谱写华章。

念昔日办学，克尽担当；

流离辗转，历经沧桑；

天道酬勤，风雨同舟，初心不改迎朝阳。

共奋进，愿母校发展，蒸蒸日上。

培育桃李芬芳，建九州我辈皆栋梁。

看高楼鳞次，光耀华堂；大桥巍峨，接连洪荒；

路驰玉带，水泻彩虹，地覆天翻慨而慷。

新时代，谋民族复兴，其道大光！

雅石珍赏

李广居，笔名居天下，1979 年到校工作至退休。个人藏石三十余年，是国内收藏较早的一批人士，曾在多本画册中发表二十余幅赏石作品。今精选部分奇石作品，以飨读者。

宝玉出家　雨花石　4.5cm×3.5cm×1cm

孙悟空三打白骨精　雨花石　4cm×5.5cm×2cm

过五关斩六将 宝马助英雄 巴林石 19cm×22cm×12cm

武松打虎 河卵石 11cm×20cm×6cm

姜太公钓鱼　雨花石　6cm×7cm×4cm

海上生明月　雨花石　4cm×4cm×1.5cm

雅石珍赏

月下雪　巴林石　5cm×9cm×3cm

飞流直下三千尺　大理石挂屏　32cm

今日建大

学习贯彻习近平新时代中国特色社会主义思想，落实全国和北京教育大会精神

2018年9月29日下午，学校组织师生同上一堂教育大会专题课，校长张爱林以《以钉钉子精神落实全国教育大会精神》为题，传达全国教育大会和教育系统学习贯彻全国教育大会精神视频会、北京教育系统学习贯彻全国教育大会精神部署会有关精神，部署了落实立德树人根本任务、推进综合改革和本科教学工作审核评估、教风学风建设等重点工作。11月20日，校长张爱林以《落实全国和北京市教育大会精神 再深入开展新时代高质量人才培养大研讨》为题，再次宣讲全国和北京市教育大会精神。他强调，要将贯彻落实会议精神与推进学校发展结合起来，坚持立德树人根本任务，坚持深化教育改革创新，以"学生为中心"提高人才培养质量；要以未来目标和问题为导向，再深入开展新时代高质量人才培养大研讨，提升教师的人才培养能力，支撑教学研究型大学目标，取得更多成果。

住房和城乡建设部、北京市相关领导到学校调研指导工作

2018年9月7日，在第34个教师节来临之际，北京市委常委、组织部部长魏小东一行到我校走访慰问。10月16日，北京市委常委、统战部长齐静到我校看望联系

专家,并调研党外知识分子工作,先后看望慰问我校北京学者、国家技术发明奖二等奖获得者王随林教授,并与师生代表进行座谈。他们肯定了学校的办学特色和服务北京经济社会发展做出的突出成绩,希望学校更好发挥学科优势,进一步融入和服务首都发展,为推动首都高质量发展输送更多的优秀人才。12月13日,住房和城乡建设部党组书记、部长王蒙徽,副部长倪虹、黄艳等一行莅临我校西城校区,考察学校发展建设情况,调研住房和城乡建设部与学校合作开展中国城乡社区"美好环境与幸福生活共同缔造"工作相关情况。

"一带一路"建筑类大学国际联盟进入纵深发展

2018年10月11日上午,来自30多个国家的100余名国际学生参加2018年留学生开学仪式,同期"一带一路"建筑土木国际工程师研究生班开班,该项目成功入选2019年度北京市外国留学生"一带一路"奖学金。2018年,"一带一路"建筑类大学国际联盟成员单位增至52个。依托"筑梦·远航"计划——世界一流大学暑期学术交流项目,我校41名本硕学生赴美国加州大学伯克利分校、英国剑桥大学等9所世界一流院校开展了学术交流。依托高精尖中心与国际知名高校共同组织的2018年国际城市设计联合工作营,我校100多名师生围绕城市更新设计、交通规划管理、地下综合管廊等主题开展了为期2周的研讨设计创新。师生与国际知名教授、高校研究人员共同研讨项目设计方案,多维度展示了国际城市设计创新研究成果,为北京乃至中国城市设计领域发展提供了可借鉴的设计方案和创新思维。

十位教授入选 2018—2022 年教育部高等学校教学指导委员会委员

2018 年 11 月 1 日,张爱林教授等 10 人入选 2018～2022 年教育部高等学校教学指导委员会委员。2018 年,学校师资队伍建设成效显著,重点引进国家"万人计划"科技创新领军人才、百千万人才工程国家级人选 1 人,江苏省宣传文化系统"五个一批"人才获得者 1 人;申报的 10 位海外高层次人才入选北京市第十三批"海聚工程";1 个科研团队入选北京市教委高水平创新团队建设计划,1 人入选北京市教委长城学者培养计划,3 人入选北京市教委青年拔尖人才培育计划;1 人荣获第二届北京市高等学校青年教学名师奖;在站博士后中 4 人入选中国博士后科学基金第 64 批面上资助,1 人入选北京市博士后国际交流培养资助派出项目,并新增招收博士后进站人员 12 人。

人事制度综合改革贯穿全年,秉承"问题导向、激发活力,优化存量、做强增量,绩效导向、优劳优酬"的基本原则,完成了方案规划和调研、文件制定、文件修订和意见征求。本次人事综合改革针对"保障不足,激励不足"等现象,系统梳理了师资队伍情况,深入分析了问题原因,积极探索解决方案,充分发挥政策激励导向,努力建立"突出绩效、优劳优酬"的人事综合管理制度,为学校优秀人才脱颖而出提供制度保障。

学校召开学科专业建设与教师发展研讨会

  2018年11月20日至12月4日,学校分三阶段召开学习贯彻全国和北京市教育大会精神暨学科专业建设与教师发展研讨会,这是学校进入博士授权单位新时代召开的一次重要会议。会议提出要找准发展目标和定位,结合学校"十三五"规划中期检查,主动查找不足,明确了"再认识学科专业建设龙头地位和教师队伍关键作用"、"基于目标导向和问题导向查找短板"、"抓好学科专业建设"、"抓好教师队伍建设"等任务,推动了进一步激发办学活力、打造高精尖学科、搭建教师发展平台、落实高质量人才培养等重点工作的落实。

  此前,我校已与清华大学签约开展学科共建。以此次共建合作为抓手,学校以城市建设为目标,面向服务首都北京、北京城市副中心,京津冀协同发展、雄安新区建设,解决关键问题,将产出更多标志性成果,不断提升学校学科内涵建设水平、提高教师科技创新能力。

我校接受北京市高校分类发展工作考察

2018年11月29日至30日，北京市高校分类发展工作考察专家组进校指导工作，对我校选择高水平特色大学类型定位给予了充分肯定，同时对我校再丰富办学类型定位内涵、再聚焦发展目标、再推进改革创新、推动学校高质量内涵发展等提出了针对性很强的建议和意见。这对调整优化学科专业结构、改革创新内生动力、提高内涵质量、突出特色发展，实现"十三五"规划目标任务以及为中长期发展打下了坚实基础。

我校国家自然/社会科学基金获批项目取得历史性突破

2018年，学校获批30项国家自然科学和社会科学基金，直接经费首次超过千万元，获准资助项目数和直接经费均创历史最佳。此批获准项目的研究工作将有力支撑我校高水平特色大学的战略定位，推进我校作为博士学位授予单位的建设和发展。

2018年，学校科技协同创新能力进一步提升。获2018"世界建筑节"佳作奖，成为获奖的3个中国团队之一；1人获第二十一届茅以升北京青年科技奖，实现零突破。学校科技工作综合改革经验作为唯一高校典型案例，在庆祝改革开放40周年北京市科技改革成果集中宣传中作经验交流。召开实验室与创新平台发展建设工作会，探索科研平台管理新体制，提升平台内涵发展动力。

服务国家和北京市重大战略需求和重大工程的能力显著增强

2018年，在服务首都城市战略定位，服务国家城乡建设发展中，师生发挥学科优势特色，积极投身北京城市副中心建设，与北京市相关单位共同组织"2018北京公共空间城市设计大赛"，北京市市委书记蔡奇批示："这个尝试好，成果可以利用"；

主持编制《北京西城街区整理城市设计导则》，承担北京城市更新、历史街区保护、生态修复等重大科研项目100余项；主动对接雄安新区建设、张家口冬奥会项目及国家城镇化发展，承担雄安新区"记得住乡愁"遗产保护专项规划，完成雄安新区容东启动片区绿色建筑标准、征迁安置标准和规范制定、规划建设管理政策等18项研究课题，雄安新区党工委书记、管委会主任陈刚评价说："北建大是真正唯一扎根雄安、服务雄安发展贡献力量的北京高校。"与住房城乡建设部合作开展中国城乡社区"美好环境与幸福生活共同缔造"工作，住房城乡建设部党组书记、部长王蒙徽希望学校能够充分发挥学科、人才和平台优势，与住房城乡建设部进一步深化共建合作，形成更多产学研协同创新成果。

喜报！我校2项成果荣获2018年度国家科学技术奖

2019年1月8日，中共中央、国务院在北京人民大会堂隆重举行2018年度国家科学技术奖励大会。习近平、李克强、王沪宁、韩正等党和国家领导人出席会议活动。习近平等为获奖代表颁奖。李克强代表党中央、国务院在大会上讲话。韩正主持大会。我校2项成果荣获2018年度国家科技进步奖，获奖数量位居全国高校并列第36名，北京高校第10名。

获奖项目中，我校作为第二完成单位、陈家珑教授作为第二完成人、李飞副教授参与完成的成果"建筑固体废物资源化共性关键技术及产业化应用"获得国家科技进步二等奖；我校作为第二完成单位、周文娟副教授参与完成的成果"废旧混凝土再生利用关键技术及工程应用"获得国家科技进步二等奖。

一封来自北京城市副中心的感谢信

2019年1月31日，北京城市副中心建设领导小组规划建设指挥部办公室向我校发来感谢信，对我校以高度负责的态度，高质量完成城市副中心街道规划设计导则、静态交通规划设计导则、南大街历史片区详细城市设计等研究工作表示衷心感谢。

我校 7 项成果荣获 2018 年度华夏建设科学技术奖

2019 年 1 月 16 日，全国建设科学技术领域的最高奖项——华夏建设科学技术奖 2018 年度获奖项目揭晓。我校 7 项成果（第一完成单位 4 项）荣获 2018 年度华夏建设科学技术奖，其中一等奖 1 项、二等奖 3 项、三等奖 3 项，获奖总数在全国高校中仅次于清华大学和同济大学，创历史最好成绩。获奖成果中，我校作为第一完成单位，环能学院袁冬海副教授作为第二完成人的成果"城市重污染水体生境改善与生态修复关键技术与装备"获一等奖。我校作为参与完成单位，建筑学院汤羽扬教授参与完成的"大遗址保护规划规范"、土木学院张国伟副教授参与完成的"既有建筑再生改造安全性提升关键技术创新与应用"、环能学院牛润萍副教授参与完成的"组合模块式相变蓄热供暖系统研究及应用"分别获二等奖。

据悉，2018 年度共有 141 个项目获华夏建设科学技术奖，其中一等奖 21 项，二等奖 44 项，三等奖 76 项。

学校获批增设 3 个本科新专业

2019 年 3 月,教育部下发了《教育部关于公布 2018 年度普通高等学校本科专业备案和审批结果的通知》。我校申报的智能建造、机器人工程、地理空间信息工程三个本科专业成功获批,新增专业将于 2019 年秋季开始招生。至此,我校本科专业数量达到 38 个,涵盖工、管、理、法、艺 5 个学科门类。

我校成功举办 2019 年中国建筑学会城市设计分会年会暨 2019 年中国城市设计论坛

2019 年 3 月 30 日,由中国建筑学会(城市设计分会)和我校共同主办,北京未来城市设计高精尖创新中心和建筑与城市规划学院承办的"2019 年中国建筑学会城市设计分会年会暨 2019 年中国城市设计论坛"在我校西城校区大学生活动中心隆重举行。中国建筑学会理事长修龙,城市设计分会的各位理事、会员,有关高校和科研院所的各位同行、专家,我校建筑与城市规划学院的师生共计 300 余人参会。中国建筑学会理事长修龙在论坛开幕式上致辞。会议由我校副校长张大玉教授主持。次会议邀请到中国科学院院士常青,英国诺曼·福斯特建筑事务所设计总监斯宾塞·德·格雷(Spencer de Grey),荷兰 MVRDV 建筑事务所合伙人、亚洲总监史文倩,北京 MAD 建筑事务所创始合伙人早野洋介,香港城市设计学会副主席百瑞·威尔逊(Barry Wilson),中国城市规划设计学会城市设计分会学术委员会秘书长邓东,中国建筑学会城市设计分会秘书长张悦共 7 位国内外专家做主旨报告。

我校参与主编的国家标准《海绵城市建设评价标准》正式发布

2019年4月，历时两年多，我校作为主编单位之一，未来城市设计高精尖创新中心海绵城市研究团队成员作为核心主笔人编写的我国海绵城市建设领域、现代城市雨洪管理行业重要的国家标准《海绵城市建设评价标准》(GB/T 51345)日前正式发布，并于2019年8月1日实施。

学校组织师生观看纪念五四运动100周年大会直播

2019年4月30日上午10时30分，纪念五四运动100周年大会在人民大会堂召开，中共中央总书记、国家主席、中央军委主席习近平发表重要讲话。学校在大兴校区、西城校区分别组织校领导、处级干部、共青团干部以及师生代表等200多人集体收看了大会直播，各学院也积极组织本单位师生在会议室、研讨室、实验室、宿舍等多处场所集中收看大会，第一时间学习领会大会精神。

我校获批三个北京高校高精尖学科

2019年5月,北京市教育委员会正式下发《关于公布北京高校高精尖学科建设名单的通知》(京教函〔2019〕196号)。学校建筑学、土木工程、测绘科学与技术三个学科获批成为北京高校高精尖学科。这标志着学校学科建设登上了新的台阶,实现了新的突破。

北京未来城市设计高精尖创新中心西南分中心落户贵州花溪

2019年5月27日,北京未来城市设计高精尖创新中心西南分中心与北京建筑大

学科技产业园西南分园正式落户花溪。贵州省人大常委会副主任陈鸣明，贵州省政府副秘书长袁家榆、副秘书长张万明，北京建筑大学校长张爱林，北京市建筑设计研究院总建筑师、国家勘察设计大师胡越，贵州省政府驻北京办事处副主任王心一，贵州省住建厅巡视员宋丽丽，北京建筑大学副校长张大玉，花溪区委副书记、区长梅俊共同为西南分中心、西南分园成立揭牌。这标志着北京未来城市设计高精尖创新中心西南分中心、北京建筑大学科技产业园西南分园正式落户贵州花溪，开启校、地合作新篇章，并聘任中国工程院院士、贵州大学教授马克俭为西南分中心名誉主任。

（以上新闻来源于北京建筑大学新闻网　　编辑：卢由　沈茜）

校友会、基金会动态

1977、1978 级校友入学 40 周年纪念活动隆重举行

2018 年 10 月 13 日上午，1977、1978 级校友入学 40 周年纪念活动成功举办。上午 10 时许，"改革开放四十载，芳华共舞百十年"纪念大会在西城校区大学生活动中心隆重举行，270 余名校友与退休教师代表齐聚，共忆建大缘、师生情、同窗情。校长、校友会会长张爱林做了题为《你们的母校将建成有鲜明建筑特色的创新型大学》的讲话。党委副书记、校友会常务副会长张启鸿，党委常委、宣传部部长孙冬梅，党委常委、党政办主任白莽以及教务处、学工部、二级学院校友分会负责人等一同参加活动。大会由校友会秘书长沈茜主持。

张爱林首先代表学校对 77、78 级校友们回家表示最热烈的欢迎。他讲到，"1977 年、1978 年是难忘的，1977 年恢复高考、1978 年全国科学大会和党的十一届三中全会，是永远载入中国发展历史的年度，是国家发展的里程碑。我们这一代人把在学校所学的知识、技能用在国家建设上，为实现"四个现代化"做出了我们应有的贡献，成了国家发展建设的栋梁，体现了我们的精彩、国家的精彩。可以说，我们这一代大学生无愧人民的培养，无愧于党和国家的培养，这一点我们是自信的"。张爱林讲到，校友是评价一所大学人才培养质量和办学水平的重要的标志，是学校最大的财富、最大的资源。学校未来的发展建设需要一代代北建大人的智慧和力量，共同去拼搏，增强北建大自信、弘扬北建大"实事求是、精益求精"校训精神，共同唱响"将来世界工学，还以我国为大宗"，坚信学校事业在全体北建大人共同努力下一定会蓬勃发展，再谱辉煌。

会上，大家还共同观看北京建筑大学宣传片，共同欣赏了校友们编制的回忆视频，观赏了当年一同参与拍摄的电影《见习律师》片段。大会在大家合唱《年轻的朋友来相会》中落下帷幕。

1988届毕业30周年校友值年返校活动隆重举行

2018年10月20日上午，1988届校友毕业30周年值年返校活动成功举行。十点三十分，"同为建大人，共筑未来梦"纪念大会在大兴校区小鸟巢报告厅隆重拉开帷幕，280余名校友与退休教师代表——暖通专业奠基人之一、原城建系主任李岱森，机电专业教师李梅山、道桥专业教师王健、王锐英、周春等齐聚一堂，共忆芳华、抚今追昔。学校副校长、工民建1984级校友李维平，学校党委副书记、校友会常务副会长张启鸿出席纪念大会。校党委常委、党政办主任白莽及有关职能部门、二级学院负责人一同参加活动。大会由校友会秘书长沈茜主持。

李维平致欢迎辞。他表示北建大校友们在时代的坐标中是引人注目的，校友们把一腔热血奉献给国家，传承着北建大精神，创新着发展思路，希望校友们一如既往地关心和支持母校发展，为学校提质转型升级建言献策。

道桥专业1984级校友张长缨代表同学们发表了热情洋溢的讲话，对老师表达了崇高的敬意，向母校111岁生日表达了诚挚的祝福。他表示，广大校友要常存感恩之心，要感激母校的培养教育之恩；要感激北建大人传承的诚信朴实、互勉互助的品格，让大家拥有了北建大人的集体智慧和力量；更要感激这个伟大的时代，给了大家施展才华的广阔舞台。张长缨希望校友们与母校一道，继续发扬北建大"实事求是、精益求精"的校训精神，以匠人精神铸就新业绩，续写新辉煌。

老教师代表、原城建系主任李岱森老师讲话。他说，改革开放以来，学校为供热与空调领域培养了大批优秀人才，填补了该领域许多空白，为城乡建设发展做出了卓越贡献。他希望在座的"学生"们能够拿出当年求学的劲头儿，在自身岗位上继续为国家和社会发挥余热。

校友值年返校新版块——校友学术研讨会顺利举行

  2018年10月20日上午，纪念1988届校友毕业30周年纪念改革开放40周年和学校办学111周年纪念活动成功举行。下午，作为校友值年返校非常重要的新版块——"校友学术研讨会"在西城校区高精尖创新中心会议室顺利举行，会议主题是"绿色城市建设"。

  北京"未来城市设计高精尖创新中心"办公室主任李雪华作题为《北京未来城市设计高精尖创新中心建设情况简介》的发言。土木学院教授张艳霞作题为《北京大兴国际机场航站楼C形钢柱关键节点试验》的报告。校友论坛环节，中建设计集团有限公司总建筑师、建84校友薛峰与大家分享了《雄安新区市民服务中心项目的实践与思考—快速建造中的科技与创新》；来自深圳的柏涛建筑设计有限公司建筑师、建84校友赵国兴做了题为《从产品到作品》的报告，着眼于单个建筑的创作，指出每一个设计者都应具备设计师应有的情怀，力求将每栋建筑与理想结合，将每一个产品视为一份作品；来自河南的校友，河南万里交通科技集团股份有限公司董事长、测专86校友张良奇做了题为《混凝土与高性能混凝土制备关键技术》的报告，注重社会责任和人文关怀，指出在公司发展的历程中，始终坚持"政产学研用"合作，钻研混凝土搅拌机理，创新搅拌技术，以助力于高性能混凝土制备成套技术的快速普及。

"彩墨溢香——爱新觉罗启骧、何镇强书画展"开展

2018年10月23日,由党委宣传部主办,启骧书画艺术研究院承办,校友会、档案馆协办的"彩墨溢香——爱新觉罗启骧、何镇强书画展"在北京建筑大学金点设计艺术文化中心开展。在校师生、校友、外国留学生及社会书画艺术爱好者近100多人参加开展仪式。北京建筑大学党委常委、宣传部部长孙冬梅主持仪式。本次展出的是我校建筑工程专业1952级校友何镇强捐赠给母校的30幅作品,他的同窗好友,书法家爱新觉罗启骧欣然在其作品上题款,共同为母校发展贡献力量。

校友爱新觉罗启骧在发言中,鼓励同学们要注重德智体全面发展,做好中国人、办好中国事、说好中国话、写好中国字,以敬业的精神,学好专业知识,在提升身体素质的同时,开阔艺术视野,希望展览能够为师生校友传递正能量,为传承和弘扬中华优秀传统文化做出贡献。

我校八名校友参加首届中美测量师测量对抗赛摘得桂冠

2018年11月13日—16日,2018年首届中美测量师国际测量对抗赛在美国华盛顿特区举行。来自北京市测绘设计研究院的我校测1992级校友段红志、测2003级校友冯冲、测2004级校友刘宁、孙胜鹏、测2006级校友武润泽、测2007级校友马新建,北京城建勘测设计研究院有限责任公司的我校测2003级校友李鹏及北京建工集团三建公司的我校测2005级校友苏中帅等8名校友与所在单位其他队员、有关领导共20人代表中国参加了对抗赛。最终,中国代表团赢得了全部比赛项目,为中国代表团赢得了荣誉。

房84级校友向我校教育基金会捐赠

2018年11月16日下午,房84级校友向我校教育基金会捐赠仪式在学院楼E座举行。房84级校友代表王然、艾淳、刘雪莲,教育基金会理事长、学校党委常委、党政办主任白莽,土木学院党委书记冯宏岳、常务副院长韩淼、党委副书记车晶波,校友办综合科科长赵亮及土木学院学生代表出席了仪式。仪式由教育基金会秘书长沈茜主持。

校友代表王然在发言中表示期望他们设立的奖学金能够支持和奖励在科研竞赛方面表现优秀的学生,并带动各界校友建立校友资源平台,积沙成塔,集腋成裘,共同助力学校人才培养;校友代表艾淳也结合自身经历向同学们分享宝贵的经验,用力学的眼光看待世界,学习历程中求真务实打好基础,致力于做高素质实用型人才,投身于社会建设。

白莽首先衷心感谢校友们以最低调形式做最高调善举,也在与校友交流环节中展望了"知识、能力、素质"三管齐下、三位一体的教育理念:重视学生创新实干能力——四清"想清、写清、说清、干清",坚持创新创优;鼓励学生抓住机遇,自强主动,以奋发有为的精神状态贡献青春力量。

仪式结束后,校友们参观了大型多功能振动台阵基础。

江浙沪校友会 2018 年会、粤港澳大湾区校友会筹备会分别举行

2019 年 1 月 5 日、1 月 6 日江浙沪校友会 2018 年会、粤港澳大湾区校友会筹备会分别在上海和深圳举行。校友办主任、校友会秘书长，教育基金会秘书长沈茜，校友办综合科科长赵亮参加了活动，并与校友共忆母校情、师生情，共话新年校友工作计划，共谋校企合作未来。土木学院张艳霞教授受邀参加江浙沪校友会年会，作了"装配式钢结构体系发展与应用"的学术报告，与校友作了深入的专业交流。

在江浙沪校友会年会上，测 1992 级校友鲁雪松会长作年度工作总结，燃 1993 级校友黄志波副会长，测 1992 级校友高苏新秘书长分别畅想了下一步校友工作。

在粤港澳大湾区校友会筹备会上，深圳市政协原副主席、给排水 1952 级校友周长瑚作主题发言。暖通 2010 级校友寇展通代表筹备组介绍了校友会相关章程和制度。会议推选出了名誉会长、会长、常务副会长、秘书长人选候选人。候选人代表燃 1984 级校友刘斌满含深情地致辞，他说，今天很激动！20 世纪 90 年代来深圳创业时，形单影只。今天，感受到了母校的关怀和校友们的温暖。作为候选人不会辜负母校期望和校友们重托，会积极工作为大家服务。会议决定粤港澳大湾区校友会将于 2019 年上半年择期成立。

我校校友金晖任北京市东城区区长

2019年1月10日,北京市东城区十六届人大五次会议闭幕,大会选举校友金晖为东城区人民政府区长。在此之前,金晖任东城区副区长,代理区长职务。

金晖1992年7月毕业留校参加工作,曾任我校土木工程一系团总支书记、院学生工作办公室副主任、团委书记(副处级)、党委宣传部部长、统战部部长,昌平区团区委书记,城北街道工委书记,区政府副区长,东城区委常委、宣传部部长、区委副书记、政法委书记、党校校长,区人大常委会党组书记、主任。

校领导看望杰出校友郑建邦

2019年1月22日,校长张爱林、党委副书记张启鸿看望了杰出校友,十三届全国政协副主席、民革中央常务副主席郑建邦。学校党委常委、党政办主任白莽、校友办主任沈茜、宣传部副部长高蕾陪同看望。民革中央副秘书长兼办公厅主任、调研部部长付悦余,民革中央调研部四处副处长吴金华参加了会见。

张爱林代表学校向郑建邦致以新春问候,并汇报了学校事业发展取得的成就与未来发展思路。郑建邦给学校发展提出四点建议:一是建设一支具有国际视野兢兢业业教书育人的优秀师资队伍;二是积极搭建国际交流平台,汲取世界优秀教育理念;三是立足北京,积极融入国家发展战略大局,为京津冀乃至全国发展贡献力量;四是接轨世界先进高新技术,发挥优势,在未来城市建设人才培养、技术研发等领域起领头羊作用,积极贡献"北建大"方案。双方还就在教育事业发展、智慧城市、节能城市、海绵城市、康养小镇建设等方面开展科研与社会服务合作进行了交流。

校友会广东分会成立大会暨第一次会员大会隆重召开

2019年5月19日,北京建筑大学校友会广东分会成立大会暨第一次会员大会在深圳举行。党委副书记、校友会常务副会长张启鸿及校友办、环能学院、学校资产公司相关负责人一行出席活动。深圳市政协原副主席、给排水1952级校友周长瑚作为特邀嘉宾应邀见证成立仪式。来自广东、香港的校友及河南校友会、山东校友会、江浙沪校友会、天津校友会会长、负责人和校友代表等百余人参加大会。浙江大学深圳校友会、北京理工大学粤港澳校友会、北京工业大学广东校友会、首都经济贸易大学深港澳校友会等兄弟高校校友会负责人专程到场祝贺。仪式由校友办赵亮、暖通2010级校友寇展通主持。

广东校友分会筹备组组长、燃气1984级校友刘斌致欢迎辞。他表示,广东校友分会的创立,将为母校和广大广东校友搭建起一座宽阔的桥梁,把校友们紧密联系在

一起,实现团结校友、互助共进的宗旨和目标,为促进母校和校友事业发展。随后,筹备组秘书长寇展通校友向大会介绍了广东校友分会筹备情况。

大会通过了《北京建筑大学校友会广东分会章程》,主持人宣读了首批广东校友分会会员名单并颁发会员证书;产生了广东校友分会首届理事会及管理机构人员名单。给排水1952级校友周长瑚、工民建1984级校友丛小密、校友办主任沈茜任顾问;校友办综合管理科赵亮任监事;燃气1984级校友刘斌任会长;建筑学1984级校友赵国兴、燃气1984级校友李凤彦、工民建1985级校友常卫军、燃气1993级校友段晚儿、工民建1995级校友刘若莉任副会长;暖通2010级校友寇展通任秘书长;测绘2010级校友段振国、工业设计2010级校友黄振宏、建筑学2011级校友魏江涛、市政研2013级校友蒋竹荷任副秘书长;建筑学1981级校友林大平、燃气1983级校友王德宝、公管2012级校友刘思达、土木2014级校友刘文财任理事。秘书处由5位校友组成。沈茜宣读了关于通过广东校友会成立的批复,并为新任理事成员颁发证书,全场响起热烈的掌声。

张启鸿为广东校友分会首任会长刘斌授旗授牌并致辞。他首先对到场的嘉宾、校友和兄弟院校广东校友会表达了诚挚的问候,向广东校友分会的成立表示祝贺。他说,广东校友分会的成立是学校校友工作中的一件喜事,也是一件大事,其所处的粤港澳地区作为示范引领作用较强的区域,必将对其他地区校友分会的建设起到很好的示范引领作用。

张启鸿指出,母校以学子为荣,校友的成就有多大,母校的影响力就有多大;校友走多远,母校的校园就有多大。回顾改革开放40年来的辉煌历程,粤港澳地区实现了跨越式发展,在全国经济社会发展中的支撑引领作用愈发凸显,北建大杰出校友为推动粤港澳地区经济社会发展贡献了"北建大智慧",提出了"北建大方案",留下了"北建大美名"。

张启鸿代表学校和校友会对广东校友分会提出了三点希望。一是继续关心支持母校发展,为母校与高水平大学和机构的广泛合作牵线搭桥。二是依法运行管理广东校友分会,积极发挥校友分会作用,打造温馨融洽的"校友之家"。三是全力营造积极向上的校友文化,着力把校友文化建设作为一项长期工作来谋划,让校友有关注支持母校事业发展的愿望和动力。

首任会长刘斌校友代表广东校友分会发言。他向学校领导、校友办及广大校友的信任和支持表示感谢并提出广东校友下一阶段的目标和任务。一是完善广东校友分会内部运作机构,加强分工协作,尽快步入正常运作轨道。二是进一步广泛团结校友,扩大群众基础,让更多校友参与其中。三是全力推进各项工作的开展和落实,按照章程,履行职责和义务。四是进一步加强与学校及兄弟校友会的交流互动,务实打造交流平台。五是努力探索校友工作的着力点,推动产学研基地、基金会等项目落地。六是打造校友分会样板,树立标杆,促进广东校友分会全面发展,提升学校影响力。

大会在充满激情的乐声与掌声中落下帷幕。会后,大家一起合影留念。

会前,筹备组专门设置了主题讲座及交流环节。周长瑚校友结合自身多年在深圳工作的经历,向大家做了题为"感知深圳"的主题分享,希望广大校友大胆想象、勇于突破、敢于创新,厘清边界、挖掘共性、区分差异。周长瑚校友还向母校捐赠了《求实创新肝胆情》《坦诚执着诤友心》《科学公正论发展》《体验感悟寻真知》等文集四册及工程笔记、专业论文百余份,对丰富馆藏及给排水专业发展具有重要意义。沈茜特地向周长瑚校友颁发了捐赠证书。柏涛建筑设计(深圳)有限公司董事、总经理、总建筑师赵国兴校友以"从产品到作品"为题,分享了现代住宅建筑的设计理念。档案馆馆长沈茜以"光荣北建大"为题,带领大家一同回顾了学校百十年沉淀的厚重历史和校友风采。

当天上午,张启鸿一行与地方校友会会长在刘斌校友陪同下,考察了深圳大学、深圳市西丽大学城、校友企业——柏涛建筑设计(深圳)有限公司。

北京建筑大学河南校友会学术交流活动举行

2019年6月29日,北京建筑大学河南校友会与郑州市公路学会共同举办"沥青路面建设与维修新技术"学术交流会。学校土木学院徐世法教授做主题分享并与到场校友及有关人员进行了技术交流。河南校友会会长付建红、理事施笃铮、秘书长徐琦,郑州市公路学会会长惠涛、郑州市路通公路建设有限公司董事长胡香凯及有关人员参加了交流会。

校友会、基金会动态

会上,徐世法教授向与会校友和有关人员分享了减少污染排放沥青路面新材料、海绵城市、冷拌冷铺新型沥青混合料、钢桥面长寿命铺装新材料RubberStone、沥青路面全寿命养护等最新的科技成果。大家认真听取了徐教授的分享,学习领受了沥青路面建设养护的新材料、新技术、新理念。与会人员积极交流互动,现场气氛热烈。

校友们表示,本次学术交流会让大家受益匪浅,收获颇丰,希望能够充分发挥河南校友会与母校之间桥梁纽带作用,加强地方校友会之间的学术交流沟通与合作,推动学校与校友事业双丰收。

会前,大家一同参观了正在施工的陇海西路大修工程。

北京建筑大学教育基金会获得北京市2017年度公益性捐赠税前扣除资格

校友会暨教育基金会组织 2019 年毕业季活动

2019 年 6 月 30 日,校友会暨教育基金会组织了热烈温馨的迎接新校友毕业季活动。领取一枚校徽,留下青春手印,带走一本《北建大人》戴着毕业戒指在"建大学子,C 位出彩"背板前合影,记录毕业精彩一刻。

当天,我校 83 岁校友陶素云(工业与民用建筑专业 1956 级)参加了孙子孙孟琪(车辆工程专业 2015 级)的毕业典礼,并向学校捐赠了她的毕业证书。1960 年,她毕业后在北京建工集团第五建公司工作,脚踏实地从新兵到工长,最后成为工程总监。她参与过人民大会堂改造、毛主席纪念堂、中国人民革命军事博物馆改造、自然博物馆、长城饭店、长安俱乐部等工程建设。

孙孟琪母亲，陶素云，校长张爱林，孙孟琪，孙孟琪班主任陈新华合影

杨伯钢一家与校长张爱林合影

全国工程勘察设计大师、工程测量专业1979级校友杨伯钢夫妇也参加了女儿杨梅子的毕业典礼，她是2019届城市规划专业本科毕业生。

北京建筑大学校友会《北建大人》征稿启事

由北京建筑大学校友会创办的正式出版物《北建大人》于 2016 年 10 月创刊。诚挚地邀请海内外校友及关心北建大的朋友赐稿。

《北建大人》栏目：校史撷英、今日建大、校友风采、校友文苑、我与北建大、校友企业、校友会掠影（含各分会）等。

投稿内容：缅怀母校，恩师，怀念同学的文学作品；校史资料及校史人物介绍；对学校发展进言献策；各行各界校友业绩、校友创业经历、校友书画、摄影、手工等艺术作品等。也望积极推荐各地报刊上发表的有关校友事迹的文章。

来稿及其他作品，请注明作者姓名、在校时间、专业、现在（或退休前）工作单位、工作经历、个人艺术简历、职务、职称、联系方式、来稿是否同意删改等信息。

投稿邮箱：xiaoyou@bucea.edu.cn

欢迎亲爱的校友们赞助订阅《北建大人》

《北建大人》是第一本校友们自己的刊物。目前，每年正式出版 1 期。诚挚欢迎校友们通过赞助订阅的方式支持《北建大人》持续蓬勃发展，最终实现"由北建大人支持，为北建大人服务"的目标。校友会将按照《北京建筑大学捐赠致谢办法》致谢，颁发纸质版捐赠证明书，在媒体上致谢，并赠阅《北建大人》。

赞助订阅与致谢方式

方式	捐赠金额	致谢方式
年度赠阅	100 元	赠阅当年及次年《北建大人》
终身赠阅	1000 元及以上	终身赠阅《北建大人》

捐赠方式

1. 邮局汇款

北京市西城区展览馆路 1 号北京建筑大学校友办公室收　　邮编：100044

2. 银行汇款　　户名：北京建筑大学教育基金会

开户银行：招商银行股份有限公司北京阜外大街支行

银行账号：110923242810302

3. 微信转账

通过北京建筑大学基金会会微信平台，捐赠至资助出版《北建大人》项目

4. 现场捐赠　　北京建筑大学西城校区行政一号楼204房间。

联系人　沈　茜　010-68322151，E-mail：shenqian@bucea.edu.cn

　　　　赵　亮　010-68322158，E-mail：zhaoliang@bucea.edu.cn

北京建筑大学校友会简介

　　北京建筑大学校友会在北京市教育委员会领导下，成立于1992年。2003年10月在北京市民政局正式登记注册并获得批准的社会团体。

　　北京建筑大学校友会的宗旨是遵守国家宪法、法律、法规和国家政策，遵守社会道德风尚。通过开展多种形式联谊和交流活动,团结和激励校友发扬母校的优良传统，为国家的城市现代化建设和母校教育事业发展贡献力量。

　　根据章程规定，校友会已经成立了各学院、地方分会和青年分会。校友会组织了联系校友、服务校友的活动，还号召校友积极参与更名大学、校庆、新校区建设等学校重大活动，取得了很好的效果。

　　北京建筑大学校友会将继续打造线上线下的"校友之家"，为海内外校友搭建平台，创造发展机遇，继续使校友会成为校友与母校之间、校友与校友之间增进交流、密切联系的合作共赢的桥梁，情感联系的纽带，校友温暖的家园。

　　亲爱的校友，让我们携手共进，创造美好明天！

校友会地址：
地址：北京市西城区展览馆路1号行政1号楼204
邮箱：xiaoyou@bucea.edu.cn
网址：http://xyh.bucea.edu.cn
电话：80-10-68322151　　68322158

校友会微信公众平台

北京建筑大学教育基金会简介

北京建筑大学教育基金会成立于 2016 年 8 月，是经北京市教育委员会批准成立，在北京市民政局正式登记注册的高等教育教领域非公募基金会和慈善组织。具备非营利组织免税资格和公益性捐赠税前扣除资格。

我们的使命

在北京建筑大学和基金会理事会的领导下，致力于加强北京建筑大学与国内外各界的联系和合作，汇聚爱心，筹集并管理海内外各界朋友和校友捐赠的资金，凝聚各方兴学力量，积极肩负社会责任，促进教育事业发展。

我们的工作

北京建筑大学教育基金会紧紧围绕"服务建大战略、坚持科学发展，加快推进学校建设国内一流、国际知名、具有鲜明建筑特色的高水平、开放式、创新型大学"的总体目标，锐意进取、团结协作，通过设立学生奖助学金、教师奖励基金、校园文化发展基金、学术科研资助基金、基础设施建设基金等，为学校发展的各个领域提供有力的资金支持，成为北京建筑大学发展进步的财政支柱之一和重要推动力量。

我们的管理

秉承"规范、透明、效益、安全、服务"的方针，认真负责各类捐赠款和基金会资金的管理，保证捐赠款的使用完全符合捐赠者意愿和基金会宗旨，确保资金投资稳定安全和合理收益。

诚挚欢迎国内外有志之士、慈善人士、关心教育事业的各界人士与我教育基金会联系合作，您的善举将最大化的服务于教育公益项目，促进我国教育事业的发展。我们将根据《北京建筑大学接受捐赠答谢办法》对捐资助学的个人和团体致谢！

联系办法：

地址：北京市西城区展览馆路 1 号北京建筑大学行政 1 号楼 206 室

电话：010-68322151　　基金会主页：http://jyjjh.bucea.edu.cn/

邮箱：buceajjh@bucea.edu.cn

微信公众号